C.H.BECK WISSEN

in der Beck'schen Reihe

Simon Ruscher

Das Leben der Piraten hat die Phantasie immer schon angeregt. Sie wurden oft zu Helden der Meere stilisiert, doch die Wirklichkeit des Seeräuberlebens war alles andere als das verwegener Rebellen. Die Geschichte der Piraterie ist eine endlose Kette von Greuel- und Mordtaten, von Plünderungen, Elend und Verzweiflung, aber auch von blutiger Verfolgung und gnadenloser Ahndung. Robert Bohn legt in seinem spannend geschriebenen Buch einen Schwerpunkt auf das «Goldene Zeitalter» der Piraterie vom 16. bis zum 18. Jahrhundert. Er beschreibt die Verflechtungen der Piraterie mit den Interessen der Herrschenden und bietet einen tiefen Einblick in die Lebenswelt dieser rauhen Gesellschaft.

Robert Bohn ist Professor für Mittlere und Neuere Geschichte an der Universität Flensburg.

Robert Bohn

DIE PIRATEN

Verlag C. H. Beck

Mit 3 Abbildungen und 2 Karten

(‹Persönliche› Piratenflaggen auf S. 84 nach Zeichnungen von Peter McGinn, in: Douglas Botting, Die Seefahrer. Die Piraten, Eltville a. Rhein 1992 (Time-Life-Books), S. 48 f.)

1. Auflage. 2003
2., durchgesehene Auflage. 2005

3., durchgesehene Auflage. 2007

Originalausgabe

Gesamtherstellung: Druckerei C. H. Beck, Nördlingen
Umschlagentwurf: Uwe Göbel, München
Printed in Germany
ISBN 978 3 406 48027 0

www.beck.de

Inhalt

Vorwort

Was fesselt uns Angehörige eines zivilisierten Kulturkreises so sehr am Thema Piraten? Die Vernunft gebietet uns doch, Piraten als nichts anderes als verabscheuungswürdige Kriminelle zu betrachten, als Gangster, die ihren Mitmenschen nur Furcht und Leid zufügen. Die Geschichte der Piraterie ist eine endlose Kette von Greuel- und Mordtaten, von Raub und Plünderung, Elend und Verzweiflung, aber auch von blutiger Verfolgung und gnadenloser Ahndung. Sie ist keine zusammenhängende Geschichte, keine zielgerichtete Entwicklung, sondern, wie Kriminalität überhaupt, Ausdruck gesellschaftlicher Instabilität, die unter bestimmten politischen Rahmenbedingungen aufblüht. Heutzutage drängt an den Küsten vieler unterentwickelter Länder die Armut die Menschen als Seeräuber aufs Meer hinaus. Andernorts wiederum sind es gut organisierte und hochtechnisierte Piratenbanden mit ausgeklügelter Logistik und Vernetzung mit regionalen Behörden, die die Handelsschiffahrt in einem Maße bedrohen, daß die Reeder für bestimmte Seegebiete keine Versicherungen mehr bekommen.

Zwischen Juli 1995 und Juli 2002 registrierte das Maritime Safety Commitee der International Maritime Organization 3653 Piratenüberfälle auf Handelsschiffe. Die regionalen Schwerpunkte waren dieselben wie zur ‹klassischen› Zeit der Piraterie – die Karibische Inselwelt einschließlich südamerikanischer Ostküste, die westafrikanische Küste (vor allem der Golf von Guinea) und insbesondere die fernöstlichen Hauptfahrwasser (Indischer Ozean, Straße von Malakka, Indonesisches Meer). Bei diesen Piratenangriffen wurden mehrere Hundert Seeleute und Passagiere getötet oder verletzt.

Doch das ist nur die offizielle Statistik, in der die Dunkelziffer nicht erfaßt ist. Auf jeden gemeldeten Überfall kommen, so wird mit guten Gründen vermutet, 50 unbekannte. Der jährliche Schaden durch Piraterie wird auf mindestens drei Milliarden US-Dollar geschätzt. Er könnte aber auch genauso gut zehnmal so hoch sein.

Dennoch: in Literatur, im Film, in Kinderspielen und -büchern (in ihrer neuesten Variante auch in Computerspielen) – überall begegnet uns der Pirat als in der Regel positiv konnotierte Figur – bei Pippi Langstrumpf im Takatukaland ebenso wie im Lego-Katalog. Allerorten stellen Freizeitparks Piraten und szenisch nachgespielten Seeraub als besondere Attraktion heraus.

Viele dieser populären Vorstellungen vom Piratentum haben ihren Ausgangspunkt bei einem bemerkenswerten Buch, das erstmals 1724 in London veröffentlicht wurde und schnell mehrere Neuauflagen erlebte. Denn es war wie kaum eine Publikation seinerzeit beim neugierigen Lesepublikum nachgefragt und fand auch rasch den Eingang in andere Sprachen. Sein Autor war ein mysteriöser Captain Charles Johnson, und das Buch trug den barocken Titel «A General History of the Robberies and Murders of the Most Notorious Pyrates, and also their Policies, Discipline and Government». Im Mittelpunkt dieses mehrere hundert Seiten langen Werkes stehen die Biographien von vierunddreißig ‹herausragenden› Piraten, allesamt Engländer, aus den Jahrzehnten um 1700. Es ist ein unerschöpfliches Kompendium, in dem alle Versatzstücke zu finden sind, die später von den Imaginationsmedien verwertet wurden. Dieses Werk ist eine wertvolle Quelle, aber nicht immer ganz zuverlässig, wie die moderne Forschung ergeben hat, obwohl es überwiegend auf Gerichtsakten und Prozeßbeobachtungen baut. Es wurde gleichwohl zu einer Art Handbuch für die Geschichte der Piraterie und ist es auch geblieben, denn immer wieder wurde und wird es zu Rate gezogen. Wenngleich die Schicksale der Piratenkapitäne von Johnson in aufklärerischer und letztlich auch abschreckender Absicht beschrieben wurden, kann der Autor seine Bewunderung für manch eine ‹Leistung›, auch und gerade auf dem Gebiet der Nautik und Seemannschaft, nicht verbergen. In den 1930er Jahren glaubte ein amerikanischer Historiker durch scharfsinnige Analyse herausgefunden zu haben, daß sich hinter dem Autorennamen Captain Johnson niemand anderes als der Gerichtsreporter und Schriftsteller Daniel Defoe verbarg, der in seiner Zeitschrift ‹Review› regelmäßig über dasselbe Sujet schrieb. Neueste kritische Untersuchungen haben dies wieder in Zweifel gezogen und vermuten hinter dem Autor Johnson einen jener damals zahlreichen Gerichtsreporter und ‹Journalisten›, die aus den Schicksalen der Seeräuber und den exotischen Schauplätzen ihren beliebten Stoff zogen.

Wie populär dieses Thema zu jener Zeit bereits war, zeigt die Tatsache, daß es auch schon allerlei Versuche gab, es literarisch zu bewältigen. Dabei sind allerdings nur wenige ernstzunehmende Schriften entstanden, unter denen zwei herausragen, nämlich zum einen das Buch «De Americaensche Zee-Rovers», das erstmals 1678 in Amsterdam auf Holländisch erschien. Der Verfassername Alexandre Exquemelin dürfte authentischer sein als der des Captain Johnson, und was er uns zu berichten weiß, hatte er aus eigener Anschauung mitgemacht. Er bezeichnete sich selbst als Arzt, war aber eigentlich ein autodidaktischer Quacksalber, den es zwölf Jahre lang unter die Bukaniere der Karibik verschlagen hatte. Er hat mit dieser populären Schrift, die viele unkritisch angereicherte Neudrucke und Übersetzungen erlebte, wesentlich das Bild geprägt, das sich die Zeitgenossen und die Nachwelt von dieser Piratengemeinschaft machten.

Das zweite zeitgenössische Werk, das genannt werden muß, ist das Tagebuch des englischen Freibeuters William Dampier. Er ist einer der wenigen gewesen, die über ihr abenteuerliches Leben auf See literarisch Rechenschaft ablegten. Denn viele wirkliche Schriftsteller hat es nicht unter die schwarze Flagge getrieben. Dampier hat in den beiden letzten Jahrzehnten des 17. Jahrhunderts lange Zeit unter Piraten und Freibeutern gelebt, war selbst zwar nie Kapitän, doch nahm er als Navigator und Geograph an zahlreichen Raubfahrten teil, die ihn viele Jahre sowohl in die Karibik als auch den Pazifik führten. Während er an Bord von rund einem Dutzend Freibeuter- und Piratenschiffen kreuz und quer die Welt umsegelte, hat er fleißig Tagebuchaufzeichnungen seiner Erlebnisse niedergeschrieben, die später die Grundlage seines beachtlichen literarischen Werkes wurden.

1881 erblickte die unsterblichste und berühmteste aller Piratenerzählungen das Licht der literarischen Welt: Robert L. Stevensons «Schatzinsel». In diesem Werk finden wir all die Versatzstücke, die wir brauchen, um uns das Piratenleben in der vormodernen Welt zu imaginieren: den verschlagenen Piratenkapitän, der trotz des Handikaps eines Holzbeins an Geschicklichkeit kaum zu übertreffen ist; den notorischen Papagei, die Skelette, die von Suff und Zwietracht gekennzeichnete Piratengemeinschaft und schließlich und endlich den Piratenschatz auf einer einsamen Insel. Doch auch Stevenson hatte Inspirationsquellen, nicht nur Captain Johnsons Kompendium – die Figur des John Silver ist von Herman Melvilles Captain Ahab beeinflußt, und auch andere Ingredienzen der «Schatzinsel» finden sich bereits im Repertoire der Mysterien- und Abenteuergeschichten des frühen 19. Jahrhunderts, wobei Edgar Allan Poe auch hier die Meisterstücke vorlegte.

Zum Kern der romantischen, legendenumwobenen Sichtweise auf die Seeräuber und Seeabenteurer zählt die stark überwiegende Abwesenheit von Arbeit. Nicht ohne Grund formte und festigte sich deshalb der Piratenmythos in einer Zeit, in der industrielle Arbeit, geregelt von der Stechuhr bei den einen und dem Terminkalender bei den anderen, die freie Verfügbarkeit von Zeit immer mehr einengte. Das romantische Bild des Piratenlebens mit seinen ganz anderen Zeitperspektiven stellt gegen diese Zwänge Momente eines ungebundenen, freien Lebens, das realiter nicht nachgeahmt werden kann. Und doch sehnen wir uns danach. Deshalb wird der Pirat, schöner noch der edle Freibeuter, zu einer Traumfigur, die alle kritischen Einwände überleben wird, denn sie ist die Gegenfigur des Arbeiters und Bourgeois und erst recht des Spießers.

So gilt auch hier das Wort John Fords, eines der bedeutendsten der großen Regisseure des klassischen Hollywood und Arbeiters am modernen amerikanischen Pionier-Mythos. Er hat das, worum es auch bei der Geschichte der Piraten geht, auf den Punkt gebracht: «Wenn Menschen die Wahl haben zwischen der wahren Geschichte und der Legende, dann wählen sie allemal die Legende.»

I. Raum und Zeit

Seitdem es Seefahrt und Seehandel gibt, gibt es Seeraub. Dieses Faktum ist gleichermaßen simpel und einleuchtend wie die Tatsache, daß auch an Land zu allen Zeiten Raub in den verschiedensten Ausprägungen stattgefunden hat. Bis ins späte 18. Jahrhundert – und in manchen Regionen noch länger – konnte keine Seereise unternommen werden, ohne das Risiko des Seeraubes ernsthaft einzurechnen. Das betraf Überseefahrer und Küstenfischer gleichermaßen. So ist, um beim Thema Seeraub und Piraterie nicht ins Beliebige oder Anekdotische abzugleiten, eine Abgrenzung des zeitlichen wie geographischen Rahmens genauso vonnöten wie die Aufstellung des allgemeinen geschichtlichen Bezugsrahmens, der sich vor allem an sozial- und wirtschaftsgeschichtlichen Fragen im Zusammenhang der kolonialen Expansion der europäischen Staaten und deren frühneuzeitliche Machtpolitik orientieren soll. Denn auf diesen Zeitraum bezieht sich der populäre Piratenmythos in der Regel und hier können überdies in besonders anschaulicher Weise die Mechanismen und Muster ermittelt werden, die den Seeraub in großem Stil zu allen Zeiten ermöglicht haben.

Bereits im altgriechischen Mythos begegnen uns die ‹Peirates› als Heimsuchung der hellenischen Gestade. Von Homer erfahren wir die enge Verbindung von kaufmännischen und piratischen Interessen. Das erste Geschichtswerk überhaupt, die Bücher Herodots, beginnt mit Seeräuberei. Der rote Faden der Auseinandersetzung mit der Piraterie läuft durchgängig bis in die römische Zeit, wobei der innere Zusammenhang zwischen Roms Machtentfaltung und dem gleichzeitigen Auseinanderbrechen staatlicher, ordnender Macht an den Randgebieten des Reiches evident ist. Dadurch erhielt die Piraterie an diesen mittelmeerischen Peripherien einen Aufschwung. Bei Appian und Plutarch ist im einzelnen nachzulesen, zu welch einer Plage die Piraterie schließlich für Handel und Seefahrt Roms wurden und wie sich während einer Schwächephase der Republik im letzten Jahrhundert v. Chr. selbst Männer von Vermögen und vornehmer Abkunft, die dazu noch als klug und einsichtsvoll galten, zu den Piraten gesellten und dort neben weiteren Reichtümern Ruhm und Ehre erhofften. Von Kilikien an der Südküste Kleinasiens breitete sich zu dieser Zeit die Piraterie über das ganze Mittelmeer aus. Die Piratenflotten stachen Plutarch zufolge nicht nur durch ausgesuchte Bemannung und beste Bewaffnung, sondern insbesondere durch dreisten Übermut hervor. Über eintausend Seeräuberschiffe soll es schließlich gegeben haben und vierhundert Städte sollen geplündert worden sein, keine Küste des Mittelmeeres war vor ihnen mehr sicher. Als sogar die lebenswichtigen Getreidelieferungen nach Rom abbrachen und es zu Hungerrevolten kam, verlieh, durch Cicero der Nachwelt überliefert, der römische Senat im Jahre 67 v. Chr. Pompejus diktatorische Vollmachten, wie sie einem einzelnen Römer vordem nicht gegeben waren, um dieses piratische Übel drakonisch zu bekämpfen. Pompejus startete denn auch zu Wasser und zu Lande einen wahren Kriegszug, wie wenn es gegen einen feindlichen Staat ginge: mit 500 Schiffen, 120 000 Soldaten und dazu noch 5000 Reitern, in summa wohl das ganze militärische Potential Roms, hatte er in kurzer Zeit die Seeräuberflotten und deren Stützpunkte niedergemacht. Die Piraten trugen durch diese Machtübertragung auf einen einzelnen Feldherrn zur Aushöhlung des klassischen römischen Staatsrechts und Auflösung der Republik bei.

Eine ähnliche Plage und Hemmnis für den Seehandel stellten seit dem letzten Viertel des 14. Jahrhunderts in Nord- und Ostsee die Seeräuberscharen dar, die unter der Bezeichnung Vitalienbrüder oder Likedeeler (Gleichteiler) in die Geschichtsbücher eingingen. Der Name Vitalienbrüder ist von Viktualien, also Lebensmittel, abgeleitet, womit sie das durch eine dänische Seeblockade belagerte Stockholm im Auftrag der Mecklenburger Fürsten versorgten. Zur Blüte gelangten diese Vitalienbrüder in den Wirren der Kämpfe um die Vereinigung der drei skandinavischen Königreiche, bei denen auch die Hanse und einige norddeutsche Küstenfürsten mitmischten und wo jeder dieser Interessenten sich der Seeräuber als Hilfstruppe bediente. Die in zunehmender Zahl umherschweifenden Seeräuber entwickelten sich zu einer Gefahr, der man nach Abschluß der Kämpfe nicht mehr Herr wurde. Die Insel Gotland wurde in den 1390er Jahren für fast zehn Jahre zu ihrer Feste, von der aus die Schiffahrt der ganzen Ostsee in einem Maße bedroht wurde, daß sich selbst die mächtige Hansestadt Lübeck genötigt sah, ihren Schiffen die Fahrt nur noch im Konvoi und in Begleitung von ‹Friedenskoggen› zu gestatten. Einer ihrer sagenhaften Anführer war Klaus Störtebecker, der vermutlich aus Wismar stammte. Als die Vitalienbrüder, deren Zahl vom Deutschen Orden 1392 auf 1500 Mann geschätzt wurde, ihre räuberischen Aktivitäten immer stärker auch auf die Nordsee ausdehnten und selbst reiche Hafenstädte wie das norwegische Bergen vor ihnen nicht mehr sicher waren, sah sich der Hansebund wie dereinst der römische Senat zu massiven Gegenmaßnahmen gezwungen. Lübeck veranschlagte die Flotte der Vitalienbrüder 1394 auf 300 Schiffe. Eine große Zahl von ‹Friedenskoggen›, finanziert durch eine Sondersteuer, nahm den Kampf gegen diese Seeräuber auf, und ein Heer des Deutschen Ordens eroberte 1398 das Seeräubernest Gotland.

Mit der Hinrichtung Störtebeckers und seiner Mannen in Hamburg zweieinhalb Jahre später war das Piratentum im Hanseraum zwar einigermaßen eingedämmt, ganz beseitigt werden konnte es aber nie, weil immer wieder politische und wirtschaftliche Interessen einem einheitlichen Vorgehen im Wege standen. Stets von neuem statteten Fürsten Schiffsführer mit ‹Stelbreven› aus, wie Kaperbriefe seinerzeit im niederdeutschen-skandinavischen Raum treffend genannt wurden. Insofern ist durchaus der Aussage beizupflichten, daß das «Piratenhandwerk zu den Entwicklungskrankheiten des Völkerverkehrs» gehört. Auch die Großkaufleute in den italienischen Seehandelsmetropolen des Mittelalters betrachteten den Seeraub vom Standpunkt des Geschäftsmannes als gewinnbringende Unternehmung und schritten erst dann dagegen ein, wenn sich die Piraterie gegen die eigenen Wirtschaftsinteressen richtete.

Überall lauerten im Mittelalter Piraten und Kaper, denn es gab keine staatliche Gewalt, die in der Lage gewesen wäre, die Seehandelswege wirksam zu schützen. Deshalb durfte nach damaligem Rechtsverständnis der Geschädigte auf eigene Faust sein Recht durchsetzen und mit Hilfe von ‹Repressalien› – das hieß Kaperei, Güterwegnahme – erlittenen Schaden ersetzen. Daß dabei Mißbrauch und Willkür Tür und Tor geöffnet waren und die Schwelle zur echten Piraterie leicht überschritten wurde, liegt auf der Hand. Selbst die Einführung des Prisenrechts konnte dem nicht abhelfen. Im Gegenteil: Die nur im jeweils nationalen Recht verankerten Prisenordnungen schufen in Zweifelsfällen neue Konfliktlagen.

Als sich aber mit dem Beginn der kolonialen Epoche der europäischen Wirtschaftsgeschichte im 16. Jahrhundert der Schwerpunkt des Seehandels von den europäischen Binnenmeeren auf die Weiten der Ozeane verlagerte, trat auch die Geschichte der Seeräuberei in eine neue Epoche ein, die später einmal deren goldenes Zeitalter genannt werden würde. Es waren nicht allein die Entdeckungsfahrten spanischer und portugiesischer Seefahrer und die im Anschluß daran erfolgte Eroberung und Ausbeutung der überseeischen Welt, die zu dieser Überhöhung des Seeräuberwesens beigetragen haben. Der Seeraub nahm einen ganz anderen Charakter an, als er im Altertum und im Mittelalter besessen hatte. Er verband sich im 16. und 17. Jahrhundert wie nie zuvor mit Politik und Religion. Denn die scharfen religiösen und politischen Gegensätze, die die europäische Geschichte der frühen Neuzeit prägten, flossen auch in das Erscheinungsbild des Seeraubes. Ein übriges trug der Formierungsprozeß des frühmodernen Staates bei, in dem soziale Randgruppen aus der ständisch-absolutistischen Gesellschaft ausgegrenzt und in die Kriminalität gedrängt wurden, weil sie anders ihren Lebensunterhalt nicht mehr sichern konnten.

Hatten sich im frühneuzeitlichen Europa schon so etwas wie Frühformen eines zwischenstaatlichen Rechts herausgebildet, nach dem sich die Nationen in ihrem Verhältnis zueinander im allgemeinen und bei der Regelung von Konflikten im besonderen richteten, so waren die Meere, insbesondere die außereuropäischen Gewässer, weiterhin ein gleichsam rechtsfreier Raum – oder genauer gesagt: ein Raum, den die kolonisierende Macht gewissermaßen als Privatbesitz betrachtete und rücksichtslos mit eigenem Recht füllte. In den Weltgegenden, in die uns die nachfolgenden Kapitel führen werden, hießen diese Mächte Spanien und Portugal.

Gegen die mit päpstlicher Unterstützung vorgenommenen Versuche der rechtlichen Absicherung der iberischen Interessensphären in der Neuen Welt hat sich in den dadurch ausgeschlossenen seefahrenden Staaten Nordwesteuropas von Beginn an Widerstand geregt. Die Motive waren allerdings weniger die Sorge um die Freiheit der Seefahrt und des Handels als vielmehr der Wille, an den von den Iberern erschlossenen neuen Quellen des Reichtums teilzuhaben. So leitete Hugo Grotius in seinem 1609 im Auftrag der wenige Jahre zuvor gegründeten Vereinigten Ostindischen Compagnie (VOC) verfaßten Buch («Über das Beuterecht») in einem langen, juristisch scharfsinnigen Abschnitt, der später einmal als eigenständige Schrift («Mare liberum») erscheinen sollte, naturrechtlich die Freiheit der Meere her. Grotius begründete darin das Recht der Holländer auf freie Schiffahrt und Handel mit der überseeischen Welt.

Doch alle gegen die spanisch-portugiesische überseeische Hegemonie vorgebrachten politischen und insbesondere juristischen Argumente prallten nicht nur an der Unnachgiebigkeit vor allem Spaniens ab, sondern litten auch schlicht unter dem Dilemma, daß sich die althergebrachten Rechtsvorstellungen auf die neuen ozeanischen Verhältnisse nicht anwenden ließen. Es sollte sich bald zeigen, daß die Absicherung der überseeischen Erwerbungen und der Wege dorthin nicht durch schön hergeleitete, aber stets zweifelhafte Rechtstitel zu erzielen war, sondern allein durch militärische Kraft erreicht werden konnte. Die Folge war, daß sich um die Güterströme im Freiraum der Ozeane ein permanenter Seekrieg entwickelte, an dem sich schließlich alle aufstrebenden seefahrenden Staaten Europas mehr oder weniger munter beteiligten, ohne auf die offiziellen Beziehungen, die in Europa gerade untereinander herrschten, Rücksicht zu nehmen.

Die Herrscher nahmen skrupellos Schiffsführer aller Couleur in ihre Dienste, wenn sie nur die Gewähr zu bieten schienen, die Schätze der Gegner in die eigenen Häfen zu leiten.

So traten zu den herkömmlichen Erscheinungsformen des Seeraubs neue Ausprägungen hinzu, die nicht mehr ins gewohnte Bild des Piraten auf der einen und des Kaperfahrers auf der anderen Seite paßten. Das gilt vor allem für den sogenannten Freibeuter, der streng genommen weder Kaperfahrer noch echter Pirat war, obwohl er vom Geschädigten mit gutem Grunde immer mit Seeräuber gleichgesetzt wurde, weil sein Tun in der Praxis nicht von Piraterie zu unterscheiden war. So hat Spanien konsequenterweise die zu seinem Schaden begangene Freibeuterei stets als Piraterie betrachtet und auch so bezeichnet. Folglich wurden gefangene Freibeuter von den Spaniern als Piraten drakonisch bestraft.

Der Kaperfahrer im herkömmlichen Sinn, wie ihn die spätmittelalterliche Seekriegführung hervorgebracht hat, erfreute sich obrigkeitlichen Auftrags, was durch die Ausstattung mit einem Kaperbrief (‹Stelbrev›, engl. ‹letters of marques›) durch eine kriegführende Macht gekennzeichnet wurde. Kaperfahrer (engl. ‹Privateer›) im staatlichen beziehungsweise fürstlichen Auftrag gab es folglich nur in Kriegszeiten dieses Staates und nur bezogen auf dessen Gegner. Dieser Kombattantenstatus wurde von den jeweils Kriegführenden in der Regel anerkannt, aber auch auf gleiche Weise beantwortet. So war beispielsweise ein Seekrieg zwischen der Hanse und England oder zwischen Dänemark und Holland zuvörderst ein Kaperkrieg, der von Kauffahrteischiffen geführt wurde und auf die Schädigung des gegnerischen Seehandels zielte. Es war jedoch, wie angedeutet, ein Spezifikum der neuen Zeit, daß in Europa zwischen den Mächten offiziell Frieden herrschen konnte, während gleichzeitig auf hoher See und besonders in den überseeischen Gebieten ein Kleinkrieg zwischen Angehörigen dieser Staaten ausgefochten wurde.

In dieser paradoxen Situation betrat der Freibeuter die Bühne der Seefahrtsgeschichte, und der Gebrauch von Euphemismen zu seiner begrifflichen Kennzeichnung zeigt bereits, daß er –

wenngleich offiziell ohne Auftrag – mit machtstaatlicher Duldung unterwegs war. Im Englischen wurde er schlicht ‹Adventurer› oder ‹Freebooter› genannt, die Franzosen nannten ihn ‹Corsair› in Anlehnung an eine Bezeichnung für die arabischen Piraten des Mittelmeeres. Die drei aufstrebenden Seefahrtsnationen und späteren Kolonialmächte Frankreich, England und schließlich Holland waren es vor allem, die kein Interesse an einer spanisch-portugiesischen Hegemonie in der Neuen Welt und Beherrschung der Seehandelswege hatten.

Der Ausspruch Francis Drakes, «kein Friede jenseits der Linie!», brachte das staatliche Seeraubprogramm auf den Punkt. Die Linie, die hier angesprochen wird, war der imaginäre Längengrad etwa 1000 Seemeilen westlich der Kapverdischen Inseln, der nach einem Machtwort des Papstes Alexanders VI. im Jahre 1493 (Bulle «Inter caetera») die Interessenssphären Spaniens und Portugals abgrenzen und die übrigen europäischen Staaten von der Aufteilung der Neuen Welt ausschließen sollte. Da der Papst anscheinend eingesehen hatte, daß die Erde doch eine Kugel war, sollten wenigstens die neu entdeckten Erdteile im katholischen Machtbereich bleiben. Alles Land westlich dieser Linie sollte an Spanien, östlich davon an Portugal fallen, was sich die beiden Kronen 1494 im Vertrag von Tordesillas einander bestätigten. Die Schiffe aller anderen Nationen, die sich in diese Fahrwasser wagten, sollten, so das Wort des Papstes, als Piraten angesehen werden.

Es entwickelte sich dort auf See ein «Krieg mit anderen Mitteln», die darauf zielten, den politischen Gegner und wirtschaftlichen Konkurrenten merkantil zu schädigen. Das sollte – aus Sicht des Staates – mit dem Einsatz möglichst geringer Kosten geschehen, und deshalb wurde dieser unechte Krieg gewissermaßen privatisiert und kommerzialisiert. Der Erfolg heiligte – wie stets – die eingesetzten Mittel. Und weil sich die Hauptkonfliktlinie seit dem 16. Jahrhundert zwischen dem katholischen Spanien und Portugal auf der einen und dem protestantischen England und Holland auf der anderen Seite herausschälte, erhielt dieser Kleinkrieg eine zusätzliche scharfe Note. Denn die Regierungen der beiden Letztgenannten duldeten viele Unternehmungen, weil sie nun auch im Namen des rechten Glaubens (England) oder der staatlichen Emanzipation (Niederlande) durchgeführt wurden.

Die beiden iberischen Königreiche (seit 1580 unter der spanischen Krone vereint) waren in den ersten Jahrzehnten nach 1500 dank ihrer überseeischen Eroberungen zur stärksten Macht Europas aufgestiegen, die über schier endlose Ressourcen verfügte. Ressourcen, die anfangs auf Raub der vorgefundenen Schätze beruhten, dann auf Sklavenarbeit in den mexikanischen und südamerikanischen Gold- und Silberminen. Seit dem 16. Jahrhundert flossen Jahr für Jahr unglaubliche Mengen Silber und Gold sowie andere Schätze und Rohstoffe aus den Kolonien ins Mutterland – nach Spanien allein im 17. Jahrhundert mehr als 26000 Tonnen Silber. Dessen gemünzter Wert erreichte schwindelerregende Ausmaße und war Grundlage für die Finanzierung der kostspieligen Kriege der spanischen Krone.

Zwischen dem frühen 16. und dem 18. Jahrhundert lassen sich drei grundlegende Formen der Seeräuberei unterscheiden, die zugleich deren Entwicklung andeuten: die gegen die spanisch-portugiesische überseeische Hegemonie gerichteten Freibeuter-Unternehmungen, die Bukaniere des 17. Jahrhunderts, deren Treiben in eine zweifelhafte Blüte der Piraterie mündete, und schließlich die piratischen Outlaws, die maritimen Wegelagerer des frühen 18. Jahrhunderts, die rast- und heimatlos die Ozeane durchstreiften. Die Betrachtung dieser drei Formen macht deutlich, daß die Definition von Piraterie auch immer von dem Grad der Unterstützung abhängig war, die die Seeräuber von politisch oder wirtschaftlich einflußreichen Gruppen oder sogar einer Staatsmacht erhielten.

Das von staatlichen Interessen losgelöste Piratenwesen erreichte einen Höhepunkt in den Jahrzehnten um 1700, in denen die meisten Anführer, die nachmalig die Legendenbildung beflügelten, auf den Meeren ihr Unwesen trieben: Henry Every, Thomas Tew, William Kidd, Edward Teach (der gefürchtete Blackbeard), Edward England, Bartholomew Roberts – um nur einige der «most notorious pirates» aus dem Kompendium des Captain

Johnson zu nennen. Es waren die Jahre, in denen die europäischen Mächte die Erschließung und koloniale Inbesitznahme der überseeischen «neuen» Welt weitgehend abgeschlossen hatten und in denen sich ein rasant expandierender Seehandel zwischen Europa und den Kolonien entwickelte. Es war aber zugleich die Zeit, in der die europäischen Mächte weiterhin um Machtausweitung und Vorherrschaft rangen. Hinzu traten zunehmend emanzipatorische Bestrebungen der Kolonien, die sich von den europäischen Mutterländern wirtschaftlich gegängelt und ausgenutzt fühlten. In beiden Fällen erlangte die Instrumentalisierung des Piratenwesens Bedeutung.

Jede Form des Seeraubs hat drei unabdingbare Voraussetzungen: eine ausreichende Mannschaft, lohnende Ziele und ein hinreichend sicheres Operationsgebiet. Mannschaften waren in der frühen Neuzeit für Seeräuberschiffe in der Regel leicht zu bekommen. Mit den harten Bedingungen auf Marine- oder Handelsschiffen Unzufriedene gab es überall, wo Seefahrt betrieben wurde. Die Gleichberechtigung, die vermeintlich auf Piratenschiffen herrschte, sowie die Hoffnung auf schnellen Reichtum waren für sie eine große Verlockung. Zudem fanden sich nach großen Seekriegen oft viele an Kaperfahrt gewöhnte Seeleute plötzlich arbeitslos, die nun in der Illegalität weiterhin ihrem vertrauten Gewerbe nachgingen. Es war der gleiche Mechanismus, der im Spätmittelalter die legendären Vitalienbrüder aufkommen ließ.

Lohnende Ziele gab es in der frühen Neuzeit ebenfalls stets zur Genüge: von den spanischen Silberflotten über die Flotten der Mogule, arabischen Kaufleute und Pilger im Indischen Ozean bis zu den großen Kauffahrteischiffen des aufblühenden globalen Handels zwischen Europa und seinen amerikanischen und ostasiatischen Kolonien. Die Piraten fanden auch immer Abnehmer ihres Beutegutes.

Ein sicheres Operationsgebiet schließlich bot der weite, schier unendliche Raum zwischen Amerika, den afrikanischen Küsten und dem Indischen Ozean den euro-amerikanischen Seeräubern so lange, wie keine der großen seefahrenden Mächte ihre Kriegsflotte zielgerichtet zur Eindämmung oder Beseitigung des Piratenwesens einsetzte.

Ein weiterer Faktor nahm allerdings auf die Ausbreitung und das Erscheinungsbild des Seeraubes nicht unerheblich Einfluß: Piraten brauchen immer und überall eine Operationsbasis. Im Idealfall ist dies ein Hafen, in dem die Beute losgeschlagen werden und in dem der Pirat all die Dinge erwerben kann, die für das piratische Leben und die Schiffahrt notwendig sind – ein Hafen vor allem, in dem keine staatliche Ordnungsmacht dieses Treiben verhindert. Port Royal auf Jamaika, New Providence auf den Bahamas und Sainte Marie bei Madagaskar waren im 17. und 18. Jahrhundert in diesem Sinne berühmt-berüchtigte Seeräubernester. Aber auch so mancher Gouverneur in den nordamerikanischen oder westindischen Kolonien hat mitunter mehr als ein Auge zugedrückt und in der einen oder anderen seiner Hafenstädte dem wirtschaftlichen Nutzen zuliebe – sowohl dem eigenen wie dem seiner Kolonie oder seiner Geschäftspartner – Piraten unbehinderten Unterschlupf gewährt.

Obgleich Piraten auf allen Weltmeeren anzutreffen waren, gab es im ‹Goldenen Zeitalter› der Piraterie, auf das sich der Piraten-Mythos immer wieder bezieht, drei regionale Schwerpunkte: an erster Stelle die Karibische Inselwelt bis hinauf zur Ostküste Nordamerikas, dann die westafrikanische Küste mit Schwerpunkt Golf von Guinea sowie der Indische Ozean. Mitunter kam es aus verschiedenen Gründen zu regionalen Verlagerungen, wie beispielsweise nach Ostindien in die Fahrwasser der niederländischen Vereinigten Ostindischen Compagnie (VOC) beziehungsweise der englischen East India Company, oder an die Westküste Süd- und Mittelamerikas.

II. Seeraub und Seemacht

Wie in der Antike und im Mittelalter waren es auch in der frühen Neuzeit verwickelte machtpolitische Verhältnisse, die die Ausbildung und Entwicklung des Seeräuberwesens begünstigt haben. Der Aufstieg Englands, Frankreichs und der Niederlande zu bedeutenden Kolonial- und Seemächten begann mit einer schrankenlosen Seeräuberei dieser drei Staaten. Aber im Grunde genommen waren die spanischen und portugiesischen Entdecker und Seefahrer für die außereuropäischen Völker, an deren Küsten sie erschienen, auch nichts anderes als Piraten.

Als Vasco da Gama im Indischen Ozean auftauchte, fand er dort ein seit alters her bestehendes ausgefeiltes Handelsnetz vor, das für die plumpen portugiesischen Waren wie Olivenöl oder schwere Wolle keinen Bedarf hatte. Nur mit roher Gewalt und aufgrund ihrer überlegenen Schiffe und Seemannschaft konnten sich die Portugiesen binnen kurzem in den ostasiatischen Güteraustausch einschalten. Wer sich ihren Wünschen nicht beugte, wurde rigoros auf See niedergemacht – gleich ob Handelsfahrer oder Pilgerschiff. Die Erfolge weckten in der Heimat immer mehr Begehrlichkeit und Nachahmung, und bereits in der Mitte des 16. Jahrhunderts, als die Spanier ganz Mittelamerika und große Teile Südamerikas in ihre Gewalt gebracht hatten, beherrschten die portugiesischen Seefahrer die afrikanischen und indisch-asiatischen Seehandelsrouten. Auch die größten Reiche in diesem Erdteil, wie beispielsweise das der indischen Großmoguln, konnten ihnen auf See nichts entgegenstellen. Sie waren der portugiesischen maritimen Technologie hoffnungslos unterlegen.

Spanien und Portugal versuchten mit aller Gewalt, die wirtschaftliche Ausbeutung der von ihren Seefahrern neuentdeckten oder neuerreichten Gebiete für sich allein zu sichern. Spanien betrachtete die westliche Hemisphäre als alleiniges Eigentum.

Die Aussperrung der anderen, nordwesteuropäischen Seefahrtsnationen vom Kolonialhandel konnte Spanien aber nur so lange bewerkstelligen, wie es die Seeherrschaft im Atlantik besaß. Doch diese begann schon in der ersten Hälfte des 16. Jahrhunderts zu bröckeln. Französische, holländische und dann besonders englische Freibeuter stürzten sich mit ihren schnellen und wendigen Seglern in immer größerer Zahl auf die schwerfälligen spanischen Silberschiffe, die in der Inselwelt der Karibik eine leichte Beute waren. Sogar große Hafenstädte wie Cartagena, Maracaibo und Portobello (Puerto Bello) waren vor ihnen nicht mehr sicher. Die Nordwesteuropäer kopierten hier nun das Raubverhalten, das die Portugiesen bei ihrer kolonialen Expansion an den Tag gelegt hatten. Der Seeraub wurde insbesondere für England ein bedeutendes Element bei der Erlangung der Seegeltung. Deshalb muß nicht weiter begründet werden, daß wesentliche Versatzstücke im Gründungsmythos des britischen Empire aus eben diesem Zusammenhang stammen. Moralische Kategorien standen dem als Filter nicht im Weg. Letzten Endes war es egal, ob der Mythos sich auf Piraterie im eigentlichen Sinn, auf Kaperei oder Freibeuterei bezog. Es war die Stunde der ersten englischen Seehelden, der Hawkins, Raleighs und natürlich Drakes, um nur die bekanntesten Freibeuter zu nennen. Ihre piratischen Taten schufen die Grundlage dafür, daß aus einer der ärmsten Nationen des frühneuzeitlichen Europa ein weltumspannendes Empire wurde.

Im Zeitalter Elisabeths I. von England (1558–1603), in dem der Kampf zwischen Spanien und England mit aller Macht entbrannte, verfügten englische Kaperfahrer und Freibeuter noch nicht über überseeische Stützpunkte, in denen sie ihre Vorräte ergänzen oder ihre Schiffe ausbessern konnten. Sie waren auf ihren Raubzügen nach dem ‹Spanish main›, wie das spanische Mittelamerika bezeichnet wurde, auf sich allein gestellt und auf versteckte Buchten und Ankerplätze im Inselgewirr der Karibik angewiesen. In diesem ‹Spanish main› lagen in gut befestigten Häfen die reichen Stapel- und Umschlagplätze der Schätze Spanisch-Amerikas: Cartagena, Portobello, Nombre de Dios und Vera Cruz.

Der Verkehr von Gütern zwischen den amerikanischen Besitzungen und dem Mutterland wurde streng überwacht, und nur Spaniern aus Kastilien, León und Navarra war die Tätigkeit in den Kolonien und der Handel mit ihnen erlaubt. Dadurch sollte der spanischen Krone das Monopol der Gewinne aus dem Handel mit den Kolonien gesichert werden. Das Verbot des Aufenthaltes von ‹Fremden› wurde, mit kirchlicher Unterstützung durch die päpstliche Bulle von 1493, rigoros verfolgt und war noch im frühen 17. Jahrhundert mit strengsten Strafen belegt. Schiffsführer, die illegal ‹Fremde› in die Kolonien brachten, wurden mit der Todesstrafe bedroht. Um den kolonialen Handel wirksam kontrollieren zu können, wurde eine eigene Behörde eingerichtet, die ‹Casa de la Contratación›, und der Handelsverkehr ab 1503 auf eine einzige spanische Stadt konzentriert, nämlich Sevilla und dessen Hafen Cadiz, das damit (bis 1717) alleiniger Ausgangs- und Zielhafen für alle Verbindungen mit den Kolonien in Amerika wurde.

Diese Festlegung auf nur einen Hafen der iberischen Halbinsel sowie die Organisation der Schiffahrt sollten große Bedeutung für die Ausprägung des gegen die spanischen Silberflotten gerichteten Seeraubs bekommen. Waren die mit amerikanischem Edelmetall beladenen Schiffe zunächst noch in Einzelfahrt unterwegs, kam es bald zur Konvoifahrt, die in der Mitte des 16. Jahrhunderts in Form der ‹Carrera de las Indias› systematisiert und verbindlich wurde. Damit glaubte die spanische Admiralität, sich gegen das ausufernde Freibeuter- und Piratenwesen schützen zu können. Zweimal jährlich, am Anfang und in der Mitte des Jahres, liefen große Flottenverbände von jeweils 35 bis 70 Schiffen, manchmal sogar mehr, von Sevilla/Cadiz in die Kolonien. Begleitet wurden sie von schwer bewaffneten Galeonen. In der Praxis wurde dieses System bald mit erheblichen Schwierigkeiten konfrontiert, die vor allem durch Verzögerungen beim Be- und Entladen oder andere Unwägbarkeiten hervorgerufen wurden und jeweils weitere Verzögerungen nach sich zogen, die dann wiederum das spanische Wirtschaftsleben erheblich beeinträchtigten, weil die Edelmetalllieferungen ausblieben. Gleichwohl wurde diese schwerfällige

Organisationsform, trotz wiederholter Modifikationen, in seiner grundsätzlichen Struktur bis zur Mitte des 18. Jahrhunderts beibehalten. Knapp 19000 Schiffseinheiten wurden allein zwischen 1506 und 1650 von der *Carrera* zwischen Spanien und Mittelamerika dirigiert.

Wegen der unterschiedlichen Windverhältnisse in der Nord- bzw. Südkaribik lief der Frühjahrskonvoi in der Regel Vera Cruz im Golf von Mexiko an, wo der vom mexikanischen Hochland zum Meer hinunterführende Schatzpfad endete. Der zweite Konvoi zielte auf Portobello, Nombre de Dios oder Cartagena, den großen Umschlaghäfen des aus Südamerika herbeigeschafften Edelmetalls.

Der spanische Schiffsverkehr nach Amerika war zwei unberechenbaren und mächtigen Gefahren ausgesetzt: Unwetter und Seeraub. Erstere Gefahr, vor allem die sommerlichen Wirbelstürme, konnte man einigermaßen minimieren, indem die Schiffahrt auf bestimmte Jahreszeiten beschränkt und gewisse Segelrouten eingehalten wurden. Ein aus Europa kommendes Schiff konnte die Inselwelt zwischen Hispaniola und den Kleinen Antillen, wo die Passatwinde jahrein jahraus kontinuierlich in westliche Richtung wehen, zwar ohne große Mühen passieren, um in die Karibik zu gelangen. Wollte es jedoch die Karibik wieder in Richtung Europa verlassen, stellten diese Passatwinde und die Strömung ein schier unüberwindliches Hindernis dar. Denn diese Strömung fließt nach Überwindung des Antillenschelfs mit einer konstanten Geschwindigkeit von zwei bis drei Knoten nach Westen, um vor der mittelamerikanischen Küste nach Norden in den Golf von Mexiko abzubiegen. Von der tropischen Sonne aufgeheizt und von den großen nordamerikanischen Flüssen gespeist, zwängt sich dann der Meeresstrom durch die Floridastraße und die Inselwelt der Bahamas hindurch in den Atlantik. Diese Strömung ist zwischen Kuba und Florida so mächtig, daß sie mitunter eine Geschwindigkeit von 5 Knoten erreicht. Die Spanier erlitten unzählige Schiffbrüche bei dem Versuch, gegen Passatwind und Strömung in der engen Inselwelt der Großen und Kleinen Antillen anzukreuzen. Sie entwickelten darum eine Art Einbahnverkehr mit Einfahrt durch die Kleinen Antillen und

Ausfahrt durch die Floridastraße zwischen Florida und Kuba, wobei sie diese Wind- und Strömungsverhältnisse nutzten. Entlang dieser Route wurden, strategisch verteilt, befestigte Häfen angelegt, in denen die spanischen Schiffe notfalls Schutz suchen konnten. La Habana (Havanna) auf Kuba war der Sammelhafen, von dem aus die Konvoiverbände die Rückreise nach Spanien antraten.

Das Konvoisystem erwies sich im Vergleich zur Einzelfahrt als relativ sicher, obwohl immer wieder einzelne Schiffe des Konvois an Freibeuter und Piraten verlorengingen. Das betraf meistens solche Schiffe, die wegen ihrer Langsamkeit abgefallen oder aufgrund widriger Wetterverhältnisse aus dem Verband herausgelöst worden waren. Doch es gab auch stets Versuche der Seeräuber und Kaperfahrer, den Konvoi unmittelbar anzugreifen. Aber nur dreimal ging ein ganzer Konvoiverband durch Seeraub verloren.

Alles in allem waren für die Spanier die Verluste durch normalen Schiffbruch schwerwiegender, der in erster Linie zwei Ursachen hatte: schlechte Seemannschaft und ungeeignete Schiffbautechnik. Denn mit der Gewinnsucht wuchs nicht nur die Zahl, sondern auch die Größe der iberischen Schiffe. Diese waren schließlich groß und unbeweglich, fast immer überladen, und mit Konstruktionsmängeln behaftet, so daß sie in kritischen Situationen, also schwieriger See oder Angriffen von Freibeutern, kaum noch manövrierfähig waren. Allein vor Vera Cruz strandeten oder sanken im Laufe der Zeit viele Dutzend Schiffe. 1563 ereilte 15 Silberschiffe noch vor Cádiz das Strandungsschicksal, nachdem sie die Gefahren des Atlantiks glücklich überstanden wähnten.

Doch auch die zweite große Gefahr erwies sich als durchaus bedrohlich. Einmal entdeckt, konnte dieser gleichförmige Schiffsverkehr mit der Neuen Welt den Feinden Spaniens nicht mehr verborgen werden. Und so wußten die Freibeuter mit der Zeit, wo sie sich auf die Lauer zu legen hatten, um fette Beute zu machen.

Anfangs kreuzten sie in den östlichen Fahrwassern des mittleren Atlantiks, wo keine spanischen Kriegsschiffe zu erwarten waren. Nicht nur die mit den Schätzen Amerikas beladenen Schiffe, sondern auch die aus Spanien nach Mittelamerika fahrenden waren den Freibeutern eine willkommene Beute, weil sie alle nur erdenklichen Waren an Bord führten. Denn zu den Besonderheiten der spanischen Kolonialherrschaft in Amerika gehörte, daß zum Schutz der spanischen Wirtschaft in den Kolonien keine Manufakturen angelegt und auch keine höherwertigen Konsumwaren, nicht einmal Öl, Wein und Weizen, produziert werden durften.

Im Jahre 1523 kreuzte der französische Korsar Jean Fleury im Seegebiet zwischen Madeira und Portugal, als er drei tiefliegende spanische Karavellen sichtete, von denen er nicht ahnte, daß sie eine lange Reise aus Mexiko hinter sich hatten. Hernando Cortez hatte im Dezember 1522 von Vera Cruz aus diese kleine Flottille auf den Weg geschickt, die einen Großteil des geraubten Goldschatzes des Aztekenkönigs Montezuma an Bord mitführte, der nun dem spanischen König zukommen sollte. Die Fracht übertraf bei weitem all das, was bisher an Kostbarkeiten nach Europa verschifft worden war. Doch König Karl sollte Montezumas Gold niemals zu sehen bekommen, denn die Flottille segelte Fleury direkt in die Arme, dem es gelang, zwei der nur schwach verteidigten Karavellen nach einem Artilleriegefecht zu kapern. Es war zu dieser Zeit in den europanahen Gewässern eher ungewöhnlich, daß sich Piraten auf ein Seegefecht einließen. Normalerweise war die Angriffstaktik der Piraten so, daß sie sich in kleineren Booten dem Opfer zu nähern versuchten, das Schiff mit Enterhaken erklommen und die Kaperung im Nahkampf ausfochten.

Fleury und seine Männer werden nicht schlecht gestaunt haben, als sie statt allerlei Kaufmannswaren unzählige Kisten und Säcke mit aztekischem Goldschmuck, Edelsteinen der seltensten Art, Goldstaub und Silber sowie unbekannten indianischen Schmuckgegenständen auf den Schiffen vorfanden.

Fleury, der in der französischen Freibeutergeschichte eine bedeutende Rolle spielen sollte, war zu der Zeit noch nicht mit einem Kaperbrief des französischen Königs Franz I. auf Kaperfahrt, sondern gehörte zu der Schar von Seeräubern, die der

Kaufmann und Reeder Jean Ango mit einer zweifelhaften Vollmacht des Grafen von Dieppe ausgerüstet und auf iberische Schiffe angesetzt hatte. Doch Franz I. konnte diesen Kapererfolg durchaus mit der französischen Staatsräson in Einklang bringen: zum einen, weil sich Frankreich seit 1521 im Kriegszustand mit Spanien befand, und zum anderen, weil dem französischen König ein schöner Batzen dieser unermeßlichen Beute zukam. Man ahnte zu dieser Zeit in Europa bereits allenthalben, daß die Spanier große Reichtümer aus ihren Plünderungszügen in Mittel- und Südamerika nach Hause brachten. Doch erst nach diesem Kaperzug Fleurys konnte man erstaunt feststellen, daß die Wirklichkeit die bisherigen vagen Vorstellungen weit übertraf.

In Europa kursierten nun ausufernde Gerüchte über die sagenhaften Schätze, die spanische Schiffe und vermutlich auch portugiesische aus der Neuen Welt heranbrachten. Franz I. stellte jetzt, von Jean Ango in dieser Hinsicht maßgeblich beeinflußt, fleißig Kaperbriefe für seine Korsaren aus, denn schon begannen auch Freibeuter anderer Nationen sich an die lohnende Beute heranzumachen. Doch es blieben zunächst die französischen Korsaren, die sich in der Mitte des 16. Jahrhunderts immer dreister bis nach Westindien vorwagten. Deren Raubzüge mündeten jetzt in regelrechte Offensiven.

Einer der ersten und zugleich auch berüchtigsten dieser französischen Korsaren in Westindien war François le Clerc, wegen seines Holzbeins auch bekannt unter dem Namen Jambe de Bois. 1553/54 führte er eine französische Freibeuterflotte zu den Großen Antillen, wo im Seegebiet zwischen Kuba und Hispaniola mehrere spanische Schiffe gekapert wurden. Berüchtigt wurde der Angriff der Flotte auf die seinerzeit wichtigste spanische Stadt auf Kuba, Santiago, die nach der Einnahme dreißig Tage lang mit Mord, Plünderung und Zerstörung überzogen wurde, wovon sie sich erst viele Jahre später wieder erholte.

Bereits ein Jahr später überfiel ein Unterführer le Clercs, Jacques de Sores, das an der Nordküste Kubas gelegene aufstrebende Havanna. Weil man ihm dort das geforderte hohe Lösegeld nicht geben wollte, ließ er die Stadt bis auf die Grundmauern niederbrennen und die umliegenden Plantagen zerstören.

Spanier ebenso wie Portugiesen versuchten, alle Nachrichten über ihre überseeischen Häfen, die Fahrtrouten dorthin wie auch die Handelsverhältnisse daselbst streng geheimzuhalten. Erst aus gekaperten Schiffen, durch Gefangene, die auf verschiedene Weise und meistens durch Folter zum Reden gebracht wurden, und schließlich durch eigene Erkundungsfahrten verschafften sich die Freibeuter die nötigen Kenntnisse, die unabdingbare Voraussetzung für erfolgreiche Kaperfahrten waren. So hat Francis Drake, bevor er nach 1572 seine spektakulären Beutezüge unternahm, vorher zwei Jahre lang – als einfacher Kaufmann getarnt – mit kleinen Schiffen heimlich die Inselwelt der Karibik und die Küste Südamerikas erkundet, Strömungs- und Windverhältnisse sowie Schlupfwinkel kennengelernt. Vor allem aber wurden ihm das spanische Konvoisystem und die wichtigsten Umschlaghäfen vertraut. Zudem hatte er Kontakt zu entlaufenen Sklaven knüpfen können, sogenannten Cimarrones, die im Dschungel nicht weit von den spanischen Häfen lebten und allzeit zur Rache ihres durch die Spanier erlittenen Unrechts bereit waren.

Als Königin Elisabeth I. sich lebhaft für die Beutezüge ihrer Seefahrer zu interessieren begann und die Fahrten durch Freibriefe sanktionierte, war England noch überwiegend ein agrarisches Land, das auf See weit überflügelt wurde von der Hanse und den Holländern – ganz zu schweigen von den expandierenden Kolonialmächten Spanien und Portugal. Doch schon an fast allen See(raub)zügen, die in Drakes Weltumsegelung von 1577–1580 einen ersten Höhepunkt erreichten, nahmen königliche Schiffe teil, d.h. mit finanziellen Mitteln der Krone ausgerüstete Fahrzeuge, die den ‹Adventurern› überlassen wurden. So wie die Krone als Hauptinvestor erhielten auch die anderen Investoren, die überwiegend aus adligen Kreisen und dem Handelsbürgertum stammten, von allem Beuteerlös im Verhältnis zur Investition ihren genau festgelegten Anteil. Man kann hier durchaus von einer Art frühneuzeitlichem Joint Venture sprechen oder der Schaffung von Risikokapital.

Die Ausrüstung solcher Adventurerfahrzeuge war jedoch –

zumindest in der Anfangszeit bis zu den ersten großen Erfolgen und dann später wieder in Krisenzeiten – für den Anführer einer geplanten Expedition nicht immer einfach, waren es doch fast ausnahmslos recht gewagte Unternehmungen mit unsicherer Aussicht auf großen Gewinn. Denn nicht wenige Freibeuter kehrten, von den Unwägbarkeiten der See ereilt, niemals zurück, oder sie endeten als ‹Ketzer› in spanischen Kerkern, nicht selten auch auf einem Scheiterhaufen der spanischen Inquisition. Andere wieder verbrachten den Rest ihrer Tage als Sklavenarbeiter der Spanier auf Plantagen oder in Bergwerken.

So erging es beispielsweise Ende 1568 einigen Dutzend Mitgliedern aus der Mannschaft John Hawkins', die in einem Beiboot in Seenot geraten und an der mexikanischen Küste in spanische Hände gefallen waren.

Hawkins war der erste englische Freibeuter von Bedeutung. Seine Erfolge haben das Freibeutergewerbe auf den britischen Inseln erst populär gemacht und andere dazu gebracht, ihm nachzueifern – nicht zuletzt den jungen Francis Drake, einen nahen Verwandten von Hawkins, der an einigen von dessen Fahrten teilgenommen hatte.

Hawkins Weg in die Freibeuterei lief, wie bei nicht wenigen späteren Seeräubern auch, über den Sklavenhandel. Zunächst nur Handelsfahrer, der sein Glück an der westafrikanischen Küste suchte, hatte Hawkins bald erkannt, daß der größte Mangel der Spanier in der Neuen Welt unzureichende Arbeitskraft für die Bergwerke und Plantagen war. Die amerikanischen Ureinwohner waren durch das brutale Vorgehen der Conquistadoren und durch eingeschleppte europäische Krankheiten sehr bald an Zahl erheblich dezimiert worden. Überdies wurde ihr Arbeitsvermögen von den Europäern geringgeschätzt. Deshalb verfielen die Spanier schon früh darauf, mit den rückkehrenden Konvois Afrikaner zur Sklavenarbeit über den Atlantik zu verfrachten. Nachdem die Kanarischen Inseln nahezu entvölkert waren, holte man die schwarzen Sklaven von der westafrikanischen Küste bzw. der Bucht von Guinea.

In dieses lohnende Gewerbe schaltete sich Hawkins auf seiner ersten Fahrt nach Mittelamerika 1562 ein. Zwar war es ihm –

zumal als Protestanten – verboten, jenseits der ‹Linie› Handel zu treiben, doch der Bedarf der Spanier an Sklaven war so groß, daß er von den spanischen und portugiesischen Sklavenhändlern allein nicht befriedigt werden konnte. Deshalb suchten manche spanischen Kolonialbeamten und Plantagenbesitzer immer wieder nach Möglichkeiten, am lizenzierten Sklavenhandel vorbei ihre Bestände aufzufüllen. Das mußte jedoch diskret geschehen, oder für die spanische Obrigkeit wie Zwang aussehen. Die illegitimen Sklavenhändler vom Schlage Hawkins' fingierten in solchen Fällen nicht selten einen – mit dem spanischen Stadtkommandanten insgeheim abgesprochenen – Angriff, der auf eine Art durchgeführt wurde, daß die Stadtbewohner genug Zeit zur Flucht hatten. Nachts dann konnte Hawkins mit den in die Stadt zurückkehrenden spanischen Interessenten den Sklavenhandel durchführen, um sich gleich darauf wieder zurückzuziehen.

Ein unvorhersehbares Ereignis stellte im Jahr 1568 gewissermaßen den Wendepunkt im Auftreten der Engländer in der Karibik dar, der den weiteren Verlauf nicht nur der Geschichte Mittelamerikas entscheidend beeinflußte: Bei einer weiteren Fahrt in die Karibik mit einigen Hundert afrikanischen Sklaven an Bord mehrerer Schiffe war Hawkins nach einem schweren Sturm gezwungen, mit seinen Sklavenschiffen die Stadt San Juan de Ulua bei Vera Cruz als Nothafen anzulaufen. Dort glaubte er sich schon mit dem Gouverneur über die Reparatur der Schiffe und eventuellen Verkauf von Sklaven geeinigt zu haben, als eine spanische Flotte mit dem neuen spanischen Vizekönig an Bord ebenfalls wegen des Sturmes den Hafen anlief. Der Vizekönig ließ bald unschwer erkennen, daß er gewillt war, das spanische Monopol mit Gewalt durchzusetzen. Obgleich Hawkins solches ahnte, kam der Angriff der spanischen Flotte für ihn überraschend. Im Hafen und auf der Reede entwickelte sich eine erbarmungslose Schlacht zwischen Engländern und Spaniern, die beiden Seiten erhebliche Verluste brachte. Hawkins und Francis Drake konnten auf zwei kleineren Schiffen mit knapper Not entkommen. Die vier größeren Schiffe des Hawkinschen Verbandes gingen jedoch verloren. Zurück in England schworen Hawkins, Drake und die anderen englischen Adventurer Rache für diese – aus ihrer Sicht – Hinterhältigkeit der Spanier in San Juan de Ulua. Diese angesichts des erlittenen materiellen Schadens schon äußerst erhitzten Rachegelüste erfuhren noch eine Steigerung, als sich herumsprach, welch grausame Behandlung den gefangengenommenen Matrosen aus Hawkins' Besatzung bei den Spaniern widerfahren war. Diese Rachegelüste brannten sich vor allem in Drakes Gemüt tief ein, was sich wenige Jahre später für Spanien auf schmerzliche Weise zeigen sollte.

Der Fehlschlag Hawkins' 1568 führte dazu, daß sich die Engländer für rund ein Jahrhundert aus dem Sklavenhandel zurückzogen. Es hatte sich auch gezeigt, daß sie mit den Portugiesen, die bereits über eine ausgebaute koloniale Infrastruktur in Westafrika verfügten, nicht konkurrieren konnten und die Profitmargen durch den erforderlichen Aufwand erheblich geschmälert wurden. Statt dessen erwies sich, wie sich zeigen sollte, der Raub als weitaus lohnender – vor allem, wenn er mit den Interessen der Krone zusammenfiel. Der neueren englischen Forschung zufolge hatte sich in der politischen Elite Englands bereits zu dieser Zeit ein Bewußtsein für die politischen, wirtschaftlichen und gesellschaftlichen Potentiale überseeischer Expansion und die dazu notwendige Förderung der Seefahrt entwickelt. In Publikationen und Denkschriften wurde dabei das den Interessen der englischen Krone dienende Freibeutertum gewissermaßen theoretisch abgesichert. Mittels einer schlagkräftigen Flotte, die sich wesentlich aus ‹Adventurern› zusammensetzen sollte, würde es möglich sein, die spanische Herrschaft in Amerika zu schmälern. Dies würde zugleich den Zusammenbruch ihrer Macht in Europa vorbereiten, da diese gänzlich auf den überseeischen Schätzen und der Beherrschung des westindischen Handels ruhe.

So richteten sich die Seezüge der englischen Freibeuter dieser Epoche weniger gegen die spanische Schiffahrt selbst als gegen spanische Häfen in Westindien. Zwar plünderte man auch gern ein spanisches Silberschiff, wenn man seiner einigermaßen risikolos habhaft werden konnte, oder wenn in den Häfen nichts zu holen war. Zielbewußt ausgekundschaftet und angegriffen, gebranntschatzt und restlos geplündert wurden jedoch die reichen Hafenstädte oder die Schatzkarawanen auf dem Isthmus von Panama.

In dieser Hinsicht taten sich besonders Francis Drake und zwei Generationen später Henry Morgan hervor. Drakes Fahrten in die Karibik sind sicherlich das sagenumwobenste und literarisch am besten dokumentierte piratische Abenteuer dieser Epoche. Drake verließ England 1572 in Richtung Amerika mit zwei kleinen Schiffen ohne einen Kaperbrief in der Tasche, doch mit stillschweigender Duldung der Königin, um dort auf den Spuren der französischen Korsaren Raubzüge durchzuführen. Die Beziehungen Englands zu Spanien hatten sich zunehmend verschlechtert und der ‹offizielle› Kriegsausbruch schien nur noch eine Frage der Zeit zu sein. In den karibischen Gewässern gelang ihm zwar noch nicht die Plünderung der reichen Hafenstädte, wie er es aufgrund seiner früheren Ausspähungen beabsichtigt hatte. Zwei gegen Cartagena und Nombre de Dios geführte Angriffe schlugen fehl. Statt dessen wurden so viele spanische Schiffe gekapert, daß Drake bereits 1573 mit Schätzen voll beladen nach England zurückkehren konnte. Zwischenzeitlich bei hochrangigen Gönnern ‹untergetaucht›, weil Elisabeth den Konflikt mit dem aufgebrachten Spanien nicht eskalieren lassen wollte, brach er 1577 zu einer neuerlichen ‹Expedition› auf, der nachmaligen «Famous Voyage».

Einige Monate zuvor hatten die Spanier wieder einmal deutlich gemacht, wie sie mit den «Ketzern» zu verfahren gedachten, die es wagten, das spanische Handelsmonopol zu durchbrechen oder spanische Schiffe zu plündern: Sir Thomas Osborne war in einem spanischen Hafen gefangengenommen und mitsamt seiner protestantischen Mannschaft der Inquisition übergeben worden.

Eine mächtige Interessengruppe mit Lord Walsingham, Minister und Vertrauter der Königin, und dem früheren Freibeuter und nunmehrigen Schatzmeister der Marine, John Hawkins, an der Spitze konnte die geheime Zustimmung der Königin zu einer groß angelegten Raubfahrt Drakes ins ‹Spanish main› erlangen. Im Herbst 1577 stach die sorgfältig ausgerüstete

Flottille aus fünf Schiffen, unter denen Drakes Flaggschiff *Pelican* (unterwegs umbenannt in *Golden Hind*) mit 100 Tonnen das größte war, in See. Der Raubzug passierte zunächst die Kapverdischen Inseln, wo eine portugiesische Galeone gekapert und deren Kapitän von Drake als ‹Informant› in Haft genommen wurde. Dann ging er weiter zur südamerikanischen Ostküste, wo Drake weitere portugiesische Schiffe zum Opfer fielen. Es folgte die berühmte Durchquerung der Magellanstraße, die allerdings allein von der *Golden Hind* bewältigt wurde. Die übrigen Schiffe Drakes gingen dort entweder im schweren Sturm verloren oder fuhren nach vergeblichen Anläufen zurück nach England. Drake aber setzte mit dem einzigen ihm verbliebenen Schiff zu dem berühmt-berüchtigten Raubzug entlang der pazifischen Küste an, wo die völlig überrumpelten Spanier ein Schiff nach dem anderen verloren. Auch Hafenstädte, in denen das aus den Anden herbeigeführte Edelmetall zum Abtransport nach Panama verladen wurde, blieben nicht verschont. Drake besaß sogar die Dreistigkeit, in den Hafen von Lima, dem Sitz des spanischen Vizekönigs, einzulaufen.

Im März 1579 wurde die *Nuestra Señora de la Conception* aufgebracht, ein großes spanisches Schatzschiff auf dem Weg nach Panama. Die bei dieser Kaperung gemachte Beute übertraf alles bisher Dagewesene und wurde auch später kaum übertroffen. Das Schiff war so mit kostbaren Dingen angefüllt, daß Drake aus Tonnagemangel gar nicht alles Beutegut an Bord der *Golden Hind* nahm, sondern sich in erster Linie auf Gold, Edelsteine, Silberbarrren und teure Gewürze beschränkte. Sechs Tage sollen Drake und seine Mannen zeitgenössischen Aussagen zufolge damit beschäftigt gewesen sein, die Ladung auf die *Golden Hind* umzuladen, während die Besatzung des spanischen Schiffes während dieser Zeit zuvorkommend in Arrest gehalten wurde. Denn anders als Piraten, bei denen Rauben und blindwütiges Morden einhergingen, hatte sich der Freibeuter Drake, wie einige andere seiner Zeit auch, bei aller Gewaltanwendung eine Art ritterlicher Einstellung bewahrt.

Nach dem Umladen mußten die geraubten Schätze nach Hause gebracht werden. Doch Drake befürchtete, daß die erst kurz zuvor mit viel Glück überstandenen wilden Stürme an der Südspitze Amerikas diesmal seinem schwerbeladenen Schiff noch gefährlicher werden könnten. Er segelte deshalb zunächst an der mexikanischen und kalifornischen Küste weiter nach Norden, weiter als je ein Europäer vor ihm, und erst als er die Hoffnung aufgab, doch noch eine Nordpassage in den Atlantik zu entdecken, machte er sich Richtung Westen auf den Heimweg quer über den Pazifik. Er vollbrachte damit nach Magellan die zweite Weltumsegelung, doch anders als der Spanier hat er sie bis zu ihrem glücklichen Ende in Plymouth im September 1580 überlebt. Die von Drake mitgebrachte spanische Beute wurde auf 500000 Pfund beziffert (nach heutigem Wert mehr als 100 Millionen Euro). Drake selbst durfte 10000 Pfund behalten und 8000 Pfund unter seine Leute aufteilen. Der Rest ging an die Krone und die Investoren, zu denen auch die Königin zählte.

1585 segelte Drake nochmals und diesmal mit zwanzig Schiffen, die größtenteils von der Königin ausgerüstet worden waren, nach Mittelamerika. Jetzt gelang ihm das, was dreizehn Jahre vorher gescheitert war, nämlich die Eroberung, Plünderung und teilweise Zerstörung großer spanischer Hafenstädte: Cartagena, San Domingo und St. Augustin (Florida). Wenngleich der Wert der nach England geführten Beute mit etwa 60000 Pfund bei weitem nicht den der «Famous Voyage» erreichte, war der den Spaniern zugefügte Schaden und der symbolische Wert dieses erfolgreichen Raubzuges unüberschätzbar. Zum einen, weil in England die letzten Zweifler der maritimen Expansion an Boden verloren; zum anderen, weil Spanien nun mit aller Deutlichkeit vor Augen geführt worden war, daß seine hegemoniale Stellung in Übersee nur mit allergrößter militärischer Kraftanstrengung zu sichern und sein Hauptfeind das protestantische Inselkönigreich war. Die Folgerungen, die daraus gezogen wurden, mündeten 1588 in die Katastrophe der spanischen Armada. Mit dieser bis dahin größten Kriegsflotte wollte der spanische König England in die Knie zwingen. Sie bestand – abgesehen von unzähligen Hilfsschiffen – aus 65 Galeonen, sieben davon waren größer als 1000 Tonnen. Es waren schwimmende, überladene Festungen, die schwer zu bedienen waren. Auf dieser Riesenflotte begaben sich 30000 Spanier – 8000 Seeleute, 2000 Ruderknechte und 20000 Soldaten – auf den Weg nach Norden. Ihr Schicksal ereilte sie Ende Juli 1588 im Ärmelkanal zwischen Calais und Gravelines, wo die englische Flotte unter Drakes Führung trotz deutlicher zahlenmäßiger Unterlegenheit durch fortschrittlichere Schiffsartillerie und unter geschickter Ausnutzung der Meeresverhältnisse einen triumphalen Sieg errang. Die in die nördliche Nordsee entfliehenden Reste der Armada zerschellten in großer Zahl in schweren Stürmen an den Küsten der Hebriden und Irlands.

Drake und Hawkins stehen an der Spitze einer ganzen Reihe von Freibeutern, die in diesem Zeitabschnitt zu Englands maritimem Aufstieg beigetragen haben – nicht nur, indem sie besondere seefahrerische und kriegerische Leistungen vollbrachten, sondern nicht zuletzt auch dadurch, daß sie durch ihre heimgebrachte Beute das lebhafte Interesse der politischen und kaufmännischen Eliten des Landes für dieses lohnende Gewerbe weckten.

Nach dem Fiasko der Armada nahmen Drake und andere ihre Raubzüge gegen Spanien wieder auf. Bei einem dieser Züge starb Drake 1596 vor Nombre de Dios am Fieber. Inzwischen hatte sich eine neue Generation englischer Freibeuter auf seine Spuren gesetzt. Bekannte Namen sind darunter wie Walter Raleigh, der Gründer der Virginia-Kolonie. Raleigh unternahm schon zu Zeiten Drakes, vor allem aber danach, mehrere Raubzüge nach Spanisch-Amerika. 1618 aber wurde er aus Staatsräson, weil Jakob I. die Beziehungen zu Spanien verbessern wollte, in England hingerichtet.

Die Namen der zahlreichen anderen Freibeuterkapitäne sind überwiegend in Vergessenheit geraten, zumal ihr Tun nicht immer zur Ehre Englands gereichte, sondern es sich nur noch um skrupellose Plünderung und Geschäftemacherei drehte. In dieser Hinsicht taten sich insbesondere die Sklavenfahrer hervor, die vorzugsweise portugiesische Sklavenschiffe überfielen, um die geraubte ‹Ware› dann selbst auf einem der westindischen Märkte illegal, aber nicht selten mit Duldung der lokalen spanischen Behörden, zu verkaufen. Diese freibeuterischen Schmuggler erhielten die Bezeichnung Interloper.

Die Etablierung politischer Macht durch die Gründung von überseeischen Kolonien konnte erst nach dem Frieden mit Spanien 1604 bewerkstelligt werden. Mit Barbados (1605) und den Bermuda-Inseln (1612) erwarb England die ersten insularen Stützpunkte in der Neuen Welt, denen ab 1607 die Kolonisierung der nordamerikanischen Ostküste (Jamestown, Virginia) folgte. Mit diesen kolonialen Erfolgen, denen sich solche der Franzosen anschlossen, trat die Auseinandersetzung mit Spanien in ein neues Stadium ein. Die Freibeuterzüge wurden jetzt Teil der großen Politik in Europa.

Noch ausgeprägter als bei den Engländern war der Seeraub der Niederländer privatwirtschaftlich organisiert, und noch stärker als in England diente er dem staatlichen Emanzipationsstreben. Die 1621 nach Ablauf des 1609 geschlossenen spanisch-niederländischen Friedens gegründete ‹Westindische Compagnie› (WIC) sollte von Anfang an nicht nur Handelsgesellschaft sein, sondern durch Ausrüstung von geeigneten Schiffen gezielt Seeraub in Spanisch-Amerika betreiben. Ihr Kaperkrieg war so erfolgreich, daß bereits 1628 drei Flotten gegen die Spanier ausgeschickt wurden. Die bedeutendste umfaßte 31 Schiffe mit über 3000 Mann und 679 Kanonen und stand unter dem Oberbefehl des 51jährigen Piet Heyn, der sich in den Jahren zuvor sowohl in der niederländischen Ostindienfahrt als auch bei Raubfahrten der WIC gegen Portugiesisch-Brasilien allerlei Meriten verdient hatte. Im Sommer 1628 lag Heyn mit seiner Flotte bei Kap San Antonio an der Westspitze Kubas gut einen Monat unbemerkt auf der Lauer, und als er schließlich von den Spaniern entdeckt wurde, war es für die aus Vera Cruz nach Havanna segelnde Neu-Spanien-Flotte unter dem Kommando von Don Juan de Benavides zu spät. Der Konvoi aus 20 Schiffen war in Begleitung nur zweier echter Kriegsschiffe und diese sowie alle größeren Schiffe waren mit Gütern und Passagieren so überladen, daß ihre Kanonen aufgrund der Enge nicht bedient werden konnten. Überdies hatte ein Teil der Mannschaft vor der Abfahrt durch Passagiere ersetzt werden müssen, weil viele Matrosen desertiert waren.

Vier große Silberschiffe und ein Dutzend Kauffahrteischiffe dieses Konvois trafen am 8. September auf den Flottenverband Piet Heyns. De Benavides beging nun, wie später in dem in Spanien gegen ihn geführten Prozeß zu Tage kam, eine Reihe verhängnisvoller Fehler, die die Katastrophe für seinen Konvoi herbeiführten. Zunächst versäumte er es, als man der feindlichen Kaperschiffe gewahr wurde, den Flottenrat zusammenzurufen, wie es die Vorschrift verlangte. Er beriet sich statt dessen nur mit einigen der Offiziere und adligen Passagiere auf seinem Schiff. Sodann entschloß er sich, mit seinem Verband in eine östlich von Havanna gelegene Bucht einzulaufen, mit einigen Schiffen den Holländern den Zugang zu versperren und dort vor Anker zu gehen, um die kostbare Fracht gegebenenfalls an Land bringen zu können. Die schwerfälligen spanischen Schiffe liefen jedoch in der Bucht hier und da auf Grund und wurden manövrierunfähig. Vor allem konnten sie nicht mehr ihre Breitseiten gegen die herankommenden Holländer drehen und waren jetzt gewissermaßen wehrlos. De Benavides konnte sich auch nicht entschließen, seine Galeonen in die Luft zu sprengen, um sie für die Holländer unbrauchbar und die dann auf den Meeresgrund gesunkene Silberladung unerreichbar zu machen – auch dies ein Versäumnis, das ihm später angelastet wurde und zu seinem Todesurteil beitrug.

Die holländischen Kaper erbeuteten ohne nennenswerte Kampfhandlungen vier fette Silberschiffe und neun mit allerlei Waren reich beladene Kauffahrteischiffe. Das Umladen der Fracht soll mehrere Tage in Anspruch genommen haben. Im Januar 1629 kehrte Heyn mit den erbeuteten Kostbarkeiten und den vier Galeonen in die Niederlande zurück, wo ihm ein triumphaler Empfang bereitet wurde, denn er hatte schon durch zwei vorausgeschickte schnelle Jachten von seinem Erfolg berichten lassen. Der Ruhm, der ihm bei den Holländern unmittelbar zuteil wurde und der dem Drakes bei den Engländern in nichts nachstand, mehrte sich noch, als seine Auftraggeber den Wert der Beute errechnet hatten: Gold, Silber und alle erhalten gebliebenen Waren (einiges war unterwegs unter den Mannschaften verschwunden) beliefen sich auf den sagenhaften

Wert von knapp 12 Millionen Gulden, dazu kamen noch die erbeuteten spanischen Schiffe mit ihren Waffen und anderen Ausrüstungsgegenständen.

Nach Abzug der Unkosten für die ‹Expedition› wurden 50 Prozent des Nettogewinns unter den Aktionären der WIC (überwiegend Amsterdamer Handelskreise) und 15 Prozent unter der Mannschaft der Kaperschiffe verteilt. 10 Prozent erhielt der Regent und Heyn außer dem Ruhm vergleichsweise bescheidene 7000 Gulden. Der Rest wurde dem Betriebskapital der WIC zugeschlagen bzw. zur Finanzierung neuer Unternehmungen verwandt. Es war alles in allem die größte Rendite, die jemals eine holländische Kaperfahrt abwarf. Unschätzbar war für die Holländer zudem der nichtmaterielle Gewinn und für Spanien der Prestigeverlust. Beides hat man in den abtrünnigen Provinzen noch dadurch steigern wollen, indem Flugblätter mit Darstellungen dieser Kaperfahrt und der Auflistung der Beute unters Volk gebracht wurden.

Wenngleich sich Westindien für niederländische Freibeuter immer wieder als lohnendes Ziel darstellte, so richtete sich deren Seeraub doch in erster Linie gegen Portugal und dessen überseeische Niederlassungen in Asien. Dies umso mehr, nachdem den Niederländern bekanntgeworden war, welch phantastische Gewinne der ostindische Gewürzhandel abwarf. Das Vordringen der 1602 gegründeten Vereinigten Ostindischen Compagnie (VOC), der bald größten und erfolgreichsten Handelsgesellschaft der frühen Neuzeit, nach Indien und in die fernöstliche Inselwelt ging Hand in Hand mit Seeraub. Auf diese Weise und durch meist gewaltsame Übernahme portugiesischer Handelsstützpunkte konnte sich die VOC innerhalb weniger Jahrzehnte als dominierender Faktor in den fernöstlichen wirtschaftlichen und kommerziellen Strukturen etablieren.

III. Die Bukaniere Westindiens

Seit dem frühen 17. Jahrhundert bildete sich in der Karibik ein Zentrum der Seeräuberei heraus, das in der Weltgeschichte der Piraterie einmalig war und vor dessen Hintergrund selbst die mittelmeerische Seeräuberei verblaßte. Die Entstehung und Entwicklung dieses amerikanisch-atlantischen Seeräubertums ist eines der spannendsten Kapitel in der europäischen Kolonialgeschichte.

Mit dem Ausbruch des Dreißigjährigen Krieges spitzte sich die permanente spanisch-französische Gegnerschaft und das Ringen um die Vormachtstellung in Europa wieder einmal zu. Frankreich sah sich durch das mit dem Hause Habsburg verbundene Spanien von allen Landseiten her umklammert und durch den Hegemonieanspruch der Iberer in der Neuen Welt von den dortigen Reichtümern abgeschnürt. Schon hundert Jahre zuvor hatte der französische König Franz I. seinem spanischen Kollegen Karl I. auf dessen Alleinherrschaftsanspruch auf den Weltmeeren entgegnet, die Sonne leuchte für ihn genauso wie für jeden anderen und er könne auch in Adams Testament keine Stelle finden, die ihn von der Teilung der Welt ausschließe. An der Teilung der Welt konnten die französischen Könige aber zunächst trotz der Beutezüge ihrer Korsaren in der Mitte des 16. Jahrhunderts und eines weitsichtigen Staatsmannes und Admirals wie Gaspard de Coligny nicht teilnehmen, weil in der zweiten Hälfte des Jahrhunderts Religionskriege und Adelsfehden das Land zerrissen. Coligny, der Anführer der französischen Hugenotten, hatte in den 1560er Jahren zweimal den – letztlich vergeblichen – Versuch unternommen, an der Ostküste Floridas eine Kolonie zu gründen.

Erst unter Kardinal Richelieu (1585–1642) wurde der französische transozeanische Anspruch wieder auf die Tagesordnung gesetzt. Richelieu vertrat wie kein anderer französischer Staatsmann seiner Epoche die Ansicht, daß kein Land Europas so sehr zu Seeherrschaft und Kolonienerwerb vorherbestimmt sei wie das wirtschaftlich stärkste und geographisch von der Natur am meisten begünstigte Frankreich. Seine Blicke wandten sich hinsichtlich der Besitzergreifung günstiger Kolonialgebiete auch nach Westindien. Es wurden Handelskompanien gegründet, und auf Martinique, Guadeloupe und im westlichen Hispaniola (Haiti) sowie auf kleineren Antilleninseln entstanden französische Handelsniederlassungen, ohne daß die Spanier, die sich mehr um die großen Inseln und vor allem um das amerikanische Festland kümmerten, dies auf die Dauer verhindern konnten.

Diese Handelsniederlassungen fanden den Boden in Westindien schon bereitet. Von vielen, meist kleineren Antilleninseln hatten sich die Spanier bereits in der zweiten Hälfte des 16. Jahrhunderts großenteils wieder zurückgezogen und sich statt dessen auf dem amerikanischen Festland angesiedelt, wo die Aussicht auf schnellen Reichtum größer schien. Von der ehemaligen indianischen Urbevölkerung waren kaum noch Reste übriggeblieben, dafür wurden diese Inseln nun von den aus Europa eingeführten verwilderten und – weil natürliche Feinde fehlten – explosionsartig sich vermehrenden Haustieren bevölkert; es handelte sich in erster Linie um Rinder und Schweine.

Als die Verfolgung der französischen Protestanten mit der Bartholomäusnacht im August 1572 einen blutigen Höhepunkt erreichte, flohen nicht wenige Hugenotten aus den französischen Hafenstädten nach Westindien, wo sie sich – wie andere Außenseiter – entweder auf verlassenen oder nur noch von wenigen Iberern bewohnten Inseln niederließen, oder sich aber, wie im Falle Hispaniolas, in Gegenden fern von spanischen Hafenstädten ansiedelten, in die sich so leicht kein Spanier verirrte. Ihren Lebensunterhalt bestritten sie überwiegend mit der Jagd auf die verwilderten europäischen Haustiere. Von den Einheimischen lernten sie, das Fleisch der erlegten Tiere haltbar zu machen, indem es auf besondere Art und Weise über einfachen Öfen («Barbecu») geräuchert wurde. Dieses Verfahren nannten die Indianer «Bucan», und die Europäer, die dieses nachahmten und mit dem Verkauf des Fleisches an vorbeikommende Schiffe ihr Geld verdienten, nannten sich bald «Boucaniers» (engl. «Buccaneers»).

Zur selben Zeit bewegte sich in die Gegenrichtung eine erste Welle von Gescheiterten und Ausgestoßenen weg vom neuspanischen Festland: Bankrotteure, Gesetzlose und entlaufene Sklaven siedelten sich ab Ende des 16. Jahrhunderts auf Kuba, Jamaika, Hispaniola oder Puerto Rico an und vermischten sich mit den Bukanieren. Es waren überwiegend reine Männergemeinschaften, die hier fernab der spanischen Siedlungen im Laufe der Zeit entstanden und in denen die zivilisatorischen Errungenschaften des Abendlandes immer mehr verblaßten. Das betraf nicht nur die Lebensformen, sondern insbesondere auch die moralischen Werte.

Durch den Kontakt mit Freibeutern und Piraten, die zu den bevorzugten Abnehmern des geräucherten Fleisches gehörten, lernten diese wilden Jäger das piratische Gewerbe mehr und mehr schätzen, und allmählich begannen die Bukaniere damit, das Handwerk ihrer besten Kunden erfolgreich nachzuahmen. Anfangs machten sie mit kleinen Booten (Kanus) lediglich die Küsten unsicher. Nur mit Pistolen, Entermesser und Muskete bewaffnet waren die Bukaniere dreist genug, mit Kanonen ausgerüstete große Schiffe anzugreifen. Ihre Taktik war dabei, nahe an das Opfer heranzukommen und dann als vortreffliche Schützen, die sie als professionelle Jäger waren, gezielt Befehlshaber und Steuerleute auszuschalten und so Verwirrung zu stiften, bevor sie das Schiff enterten. «Vier unserer Musketen sind so gut wie eine spanische Kanone», war ihre Meinung.

Nachdem sich die Spanier in mehreren Strafexpeditionen anschickten, die verwilderten Viehherden, also die Lebensgrundlage der Bukaniere, auf den Inseln auszurotten, ließen sich viele Bukaniere, wenn sie den unerbittlichen Verfolgungen durch die Spanier entkommen waren, an der Küste nieder und versuchten nunmehr, ihren Lebensunterhalt überwiegend durch Überfälle auf spanische Schiffe zu bestreiten. Solchermaßen entstand in den ersten Jahrzehnten des 17. Jahrhunderts in der Karibik eine Seeräuberschar, die an Verwegenheit und Roheit kaum zu überbieten war. Inzwischen hatten die Bukaniere auch größere

Schiffe zur Verfügung, oft flachgehende Barkentinen – Vlieboote, daher auch der Name Flibustiers für diese Seeräuber. Mit dergleichen Booten konnten sie die vielen Untiefen der westindischen Inselwelt gefahrlos passieren und wurden somit für die schweren spanischen Galeonen unerreichbar. Diese Schiffe bemannten sie bei Raubzügen mit so vielen Männern wie möglich, um mit ihren Musketen eine möglichst große Feuerkraft zu erhalten, mit der sie die oft überraschten Opfer in eine Art Schockzustand versetzten. Diese Angriffstaktik und ihre Tollkühnheit und Rücksichtslosigkeit auch sich selbst gegenüber machten, daß sie von den spanischen Seefahrern bald mehr gefürchtet wurden als die europäischen Freibeuter.

Um 1630 zog eine Gruppe von Bukaniers auf eine kleine, gebirgige Insel vor der Nordküste Hispaniolas, die Columbus entdeckt und wegen ihrer Schildkrötenform Tortuga genannt hatte. Tortuga war ein idealer, leicht zu verteidigender Piratenstützpunkt: Die Küste war im Norden steil und von der Brandung des Atlantiks umtost, ansonsten mit zahllosen Untiefen und dichten Mangrovenwäldern versehen. Nur an einer Stelle im Süden fand sich eine durch vorgelagerte Riffe geschützte Bucht, die beste Ankermöglichkeiten bot. Die Insel verfügte zudem über ausreichend Trinkwasser und fruchtbaren Boden, auf dem Ackerbau betrieben werden konnte. Von Tortuga aus waren sowohl die Wildjagdgebiete auf Hispaniola als auch die spanischen Schiffahrtsrouten schnell erreichbar. Auf einem Bergkamm wurde in den 1630er Jahren unter Anleitung eines der ersten Anführer, Jean le Vasseur, einem aus Frankreich vertriebenen Hugenotten, der von Beruf Ingenieuroffizier war, sogar eine regelrechte Festung errichtet, in die sich die Bukaniere bei Bedarf zurückziehen konnten. 700 bis 800 Mann sollen hierin Platz gefunden haben.

Von Hehlereifahrten in Hafenstädte, von Raubzügen auf See und an der Küste brachten die Bukaniere Frauen auf das Eiland und machten dieses zum ersten Seeräuberstaat in der Neuen Welt. Abenteurer, Ausgestoßene und Verfolgte vieler Länder sammelten sich dort, starteten von Tortuga Überfälle und Raubzüge und verpraßten die Beute in Kneipen und Bordellen.

Neben machtpolitische Umstände traten wirtschaftliche Entwicklungen, die zum Anwachsen des Bukanierwesens beitrugen. So etwa die Tatsache, daß um 1630 viele Tabakpflanzer auf den Kleinen Antillen ihre Plantagen aufgeben mußten, weil inzwischen die Tabakplantagen in Virginia florierten, was für den Antillentabak einen gewaltigen Preissturz zur Folge hatte. Der Virginiatabak wurde in Europa nicht nur höher geschätzt, der Tabakanbau war hier in Nordamerika aus klimatischen Gründen auch profitabler. Auf den ehemaligen Tabakplantagen der Antillen wurden von neuen Großgrundbesitzern Zuckerrohrpflanzungen angelegt, für deren arbeitsintensive Bestellung billige Sklaven aus Afrika herangezogen wurden, während die europäischen Arbeiter entlassen wurden. Diese bildeten ein großes Rekrutierungsreservoir für die Bukaniere. Um von den Kleinen auf eine der Großen Antilleninseln zu gelangen, mußte eine Bootsladung Männer nichts anders tun, als sich von Strömung und Wind treiben zu lassen. Dort angekommen, nahmen sie den Lebensstil der Bukaniere an. Die Anlage von Zuckerrohrplantagen führte zu einem neuerlichen Anstieg des Sklavenhandels und damit der für Piraten als Beuteobjekt attraktiven Schiffahrt zwischen Afrika und Mittelamerika.

Um den Zusammenhalt der vielen Bukaniergruppen zu stärken, kam es um 1640 zur Bildung einer Gemeinschaft beziehungsweise einer Art Bund, der ‹Brüder der Küste› (franz. ‹Les frères de la Côte›), die sich ein Regelwerk schufen, das die Benutzung von Noms de Guerre ebenso festlegte wie das Leben an Bord eines Piratenschiffes und die Teilungsbedingungen nach Beutezügen. Zuwiderhandlungen gegen das Regelwerk, auf das jeder einen Schwur ablegen mußte, wurden mit drakonischen Strafen geahndet.

Die Bukaniere selbst haben keinerlei Aufzeichnungen hinterlassen, doch als authentische und bei kritischer Lektüre auch zuverlässige Quelle dient das bereits erwähnte Buch «De Americaensche Zee-Rovers» des holländischen Abenteurers Alexander Exquemelin. Andere Informationen gehen auf Ordenspriester oder Handelsreisende zurück, die zeitweilig Kontakt zu den Bukanieren hatten. So machte der französische Abbé Jean Baptiste du Tertre um 1670 die Beobachtung, daß die Bukaniere im Hinterland Hispaniolas keinerlei feste Behausung oder feste Bleibe hätten, sondern sich dort träfen, wo die Tiere zu finden waren. Ihre Zuflucht fänden sie in improvisierten Hütten. Ihr Aussehen erinnerte ihn an «Fleischergesellen von der übelsten Sorte, die acht Tage im Schlachthaus zugebracht und sich nicht gewaschen haben». Entgegen du Tertres Feststellung gab es zu dieser Zeit allerdings schon größere Bukaniersiedlungen, namentlich auf Tortuga und an der Südküste Jamaikas.

Auf Tortuga soll Exquemelin zufolge besagter le Vasseur zwölf Jahre lang wie ein König geherrscht haben, der von jeder zur Insel gebrachten Beute einen Anteil verlangte. Sein Regime nahm zunehmend despotische Züge an; er soll sogar mit den Spaniern geraubten Reliquien seine katholischen Kumpane verhöhnt haben, bis schließlich einem der Unterführer, dem le Vasseur zudem die Geliebte abspenstig machen wollte, der Geduldsfaden riß und er le Vasseur erdolchte. Das geschah im Jahr 1652, als Tortuga der Hauptort der Piraterie in der Karibik geworden war, dem wiederholte Versuche der Spanier, die Bukaniere von hier zu vertreiben, nichts anhaben konnten. Dieser Teil der Karibik war den Spaniern unwiederbringlich verloren, und bald sollten weitere Inseln oder Teile von Inseln mit tatkräftiger Unterstützung der Bukaniere der spanischen Herrschaft entgleiten und anderen Mächten zufallen. In den Schilderungen Exquemelins und anderer Chronisten kommt deutlich die Hilflosigkeit und Furcht der Spanier zum Ausdruck, die sie angesichts dieser Entwicklung befiel.

Die Bukaniere lauerten überall. War von einem ihrer Anführer ein Raubzug beabsichtigt, dann wurde ein Bote ausgeschickt, der an den Küsten die entsprechende Nachricht verbreitete und einen Sammelplatz mitteilte. In den folgenden Tagen trudelten dann einzelne kleine Bukaniergruppen dort ein, und bei reichlich Alkohol wurde schließlich das weitere Vorgehen beraten. Das größte Laster der Bukaniere war, wie die Berichte über sie einhellig zum Ausdruck bringen, die Trunksucht, der sie sich gewöhnlich gemeinsam so hemmungslos hingaben «wie Spanier dem Brunnenwasser», wie Exquemelin schreibt. Umso mehr muß bei solchen Lebensgewohnheiten erstaunen, daß diese Gesellen sich bei ihren piratischen Aktivitäten anscheinend diszipliniert ihrem aufgestellten Regelwerk beugten. Denn nachdem man übereingekommen war, wohin der Raubzug gehen sollte, wurde eine Art Vertrag aufgesetzt, den alle Beteiligten mit ihrem Zeichen signieren und beschwören mußten. In ihm wurden, dem allgemeinen Regelwerk entsprechend, die genauen Anteile eines jeden an der Beute festgelegt sowie für im voraus erbrachte Leistungen und körperliche Schäden, die auf diesem Raubzug entstehen sollten, bestimmte Geldbeträge vereinbart. Verlor ein Bukanier im Kampf beispielsweise seinen rechten Arm, standen ihm gewöhnlich 600 Stücke von Achten (die seinerzeit gebräuchlichste spanische Silbermünze, quasi die Weltwährung des 17. Jahrhunderts) oder sechs Sklaven zu. Der Verlust eines Beines wurde mit 400 bis 500 Stücke von Achten oder bis zu fünf Sklaven entschädigt. Für ein verlorenes Auge oder einen Finger gab es 100 Stücke von Achten respektive einen Sklaven. Die von Exquemelin überlieferte Liste der Entschädigungsleistungen führt eine ganze Reihe weiterer körperlicher Beschädigungen und deren Kompensation auf; allein der Tod war umsonst.

Alle diese Leistungen wurden von der eingebrachten Beute vor deren Aufteilung abgezogen. Was übrig blieb, wurde «vor dem Mast» nach einem festgelegten Schlüssel unter den überlebenden Besatzungsmitgliedern verteilt: von fünf Anteilen für den Anführer, über zwei Anteile für die ‹Offiziere› bis zu einem halben Anteil für die Schiffsjungen. Wurde auf der Raubfahrt aber keine Beute gemacht, gab es nicht einmal die Entschädigungsleistungen.

Beschworen wurde vor einer Raubfahrt auch, daß niemand auch nur das geringste Beutegut vor seinen Kameraden verbergen oder diese gar bestehlen sollte. Wer gegen diese eherne Regel verstieß, wurde für gewöhnlich «marooned», d. h. mit wenig Proviant und einer Waffe auf einer unbewohnten, abgelegenen Insel ausgesetzt. Das war meist eine härtere Strafe als die unmittelbare Hinrichtung nach einem Vergehen gegen die Piratenartikel, denn auf solchen Eilanden wartete fast immer ein langsamer Tod durch Verdursten oder Verhungern. Nicht jeder Ausgesetzte hatte das Glück eines Ben Gunn auf Stevensons ‹Schatzinsel›, der dort nicht nur genug Nahrung, sondern schließlich auch noch in die Zivilisation zurückfand. Mit der Todesstrafe wurde bedroht, wer sich im Kampf feige oder ‹unehrenhaft› verhielt. Das Verhalten wurde in solchem Fall, wie Exquemelin schildert, von der Bordgemeinschaft gerichtet, der Delinquent bei Schuldspruch an einen Mast gebunden und von einem, den er sich selbst aussuchen konnte, erschossen.

Mit ihren zügellosen Raubzügen gegen die Spanier wurden die Bukaniere für die anderen Mächte zu einer besonderen Waffe im kolonialen Umverteilungskampf unterhalb der offenen, zwischenstaatlichen kriegerischen Auseinandersetzung. Schritt für Schritt wurden sie als maritime Hilfstruppe in die kolonialen Machtkämpfe der europäischen Staaten einbezogen. Zunächst waren es vor allem die französischen Handelsniederlassungen auf einigen Antilleninseln und die dortigen französischen Gouverneure, die das Treiben der Bukaniere zu instrumentalisieren suchten. Nachdem die Franzosen auf den Kleinen Antillen Fuß gefaßt hatten, entwickelten sie von hier einen Kleinkrieg gegen das spanische Kolonialreich. Die französischen Inselgouverneure gingen sogar dazu über, ihren Freibeuterkapitänen Blankokaperbriefe auszufertigen und auf See mitzugeben. Die Kapitäne sollten diese weitergeben, wenn immer es ihnen angebracht schiene. Auf diese Weise kamen auch Bukanieranführer in den Besitz solch zweifelhafter Vollmachten. Diese Freigiebigkeit sollte nicht nur den Feinden Frankreichs zum Schaden gereichen, sondern auch die Geldbeutel der Gouverneure füllen. Durch solche generöse Art der Kaperbriefausstellung wurden, wie William Dampier schilderte, einige Gouverneure von Französisch-Hispaniola und Inseln der Kleinen Antillen reich und mächtig, denn ihre Häfen wurden von Bukanieren und Freibeutern gern aufgesucht. Es erwies sich als in jeder Hinsicht lohnend, sich zum Patron einer Bukanierschar zu machen und diese als Freibeuter und Kaper auf Raubfahrt zu schicken. Diese Einsicht sollten insbesondere die Engländer entwickeln, nachdem sie sich mittels einer von Oliver Cromwell ausgesandten Expeditionstruppe 1655 der Insel Jamaika bemächtigt hatten. Um diesen Besitz zu sichern und gleichzeitig von diesem Stützpunkt aus Kaperkrieg zu führen, erhielten die Bukaniere auf Jamaika eine Freistatt. Nicht wenige, in erster Linie die englischsprachigen, kamen von Tortuga hierher und machten Port Royal zum «sündhaftesten Ort auf Erden», wie ein Zeitgenosse schrieb.

Ganz jedoch ließen sich die beiden großen Bukaniergruppen, die französischen auf Tortuga und die englischen auf Jamaika, nicht voneinander separieren. Sie unterhielten weiterhin Kontakt untereinander und unternahmen fallweise gemeinsame Raubzüge, die den Patronatsmächten gelegentlich nicht geringes Kopfzerbrechen bereiteten. Das galt insbesondere für Frankreich, nachdem dieses 1659 einen äußerst vorteilhaften Frieden mit Spanien geschlossen hatte.

Den Bukanieren wurden bereits von den zeitgenössischen Autoren einige Eigenschaften zugeschrieben, die sie in besonderer Weise charakterisierten. Dazu zählt nicht unbedingt die erwähnte Neigung zur Trunksucht, denn diese war fast allen Piraten zu eigen, sondern vor allem ihr immer wieder zum Ausdruck gebrachter fanatischer Haß gegen alles Spanische, ihre barbarische Grausamkeit ihren Gefangenen gegenüber sowie ihre Wildheit und Unberechenbarkeit. Auch wenn Exquemelin in seiner Charakterisierung und Schilderung von Taten einzelner Bukanierkapitäne gelegentlich zu Übertreibungen neigen mag, gewinnt der Leser doch den Eindruck einer über das Zeitübliche hinausgehenden Verrohung und Menschenverachtung. Exquemelin war nicht der einzige Zeitzeuge ihrer Brutalität. Der Engländer John Style berichtete 1669 seine Beobachtungen nach London: Es sei unter diesen Seeräubern üblich, Gefangene – womit gewöhnlich Spanier gemeint waren – in Stücke zu hauen, «zunächst etwas Fleisch, dann eine Hand, einen Arm, ein Bein; manchmal wird auch ein Strick um den Kopf gelegt und mit einem Stock immer enger gedreht, bis die Augen herausfallen». Eine derart brutale Behandlung widerfuhr nicht nur Männern. Bevor die Bukaniere Portobello angriffen, so Style, wurde eine Frau unbekleidet auf eine Steinplatte gelegt, unter der ein

Feuer entfacht wurde, und geröstet («roasted»), weil man Geldverstecke erfahren wollte.

Einige besonders üble Charaktere unter den Bukanieranführern sind zusammen mit ihren schrecklichen Taten der Nachwelt namentlich überliefert worden: so die der Franzosen Daniel Montbars, der sich mit Nom de Guerre (Kriegsnamen) «Exterminator» nannte, was seine Gesinnung trefflich kennzeichnete; oder Pierre François, der sich den Namen Pierre le Grand, Sieur des Grammont zulegte, und schließlich der grausamste von allen Jean David Nau, genannt François l'Ollonais nach seinem Geburtsort Les Sables d'Ollone in der Bretagne. Dieser übte auf Exquemelin von allen französischen Bukanieren die größte Faszination aus, weil er wie kein anderer das Gewalttätige und Grausame ihres Treibens verkörperte. Er war ein wahrer Psychopath, der, nachdem es ihn in jungen Jahren als verdungenen Arbeiter in die Karibik und auf unbekannten Wegen in die Gemeinschaft der Bukaniere verschlagen hatte, gerade aufgrund dieser Charaktereigenschaft schnell zu einem ihrer Anführer aufstieg. Auf einer seiner frühen Fahrten als Kapitän eines Piratenschiffs lieferte er eine Kostprobe seiner Brutalität ab, die, als sie sich herumsprach, den Ruf der Bukaniere bei den Spaniern noch mehr verfinsterte.

Eine spanische Kriegsgaleone mit 90 Soldaten an Bord, die ausgesandt worden war, um die Bukaniere zu bekämpfen, konnte von l'Ollonais überrumpelt werden, wobei sich die Spanier während des sich für sie ungünstig entwickelnden Enterkampfes in den Laderaum des Schiffes zurückzogen. Nachdem er die Gewalt über das Schiff gewonnen hatte, ließ l'Ollonais einen nach dem anderen wieder an Deck kommen, und sobald der Betreffende die Trittleiter heraufkam, schlug er ihm mit seinem Säbel den Kopf ab. Nur einen verschonte er, den er mit üblen Verwünschungen und der Nachricht an den Gouverneur nach Havanna schickte, daß er, l'Ollonais, niemals einen gefangenen Spanier am Leben lassen werde. Mit dem erbeuteten Schiff durchstreifte l'Ollonais noch einige Zeit plündernd die karibischen Gewässer, bevor er nach Tortuga zurückkehrte.

L'Ollonais war es wohl auch, der die Bukaniere erstmals dazu brachte, von Überfällen auf Schiffe zu groß angelegten Raubzügen auf Städte überzugehen. Sein erstes Opfer wurde Maracaibo, das damals um 4000 Einwohner zählte und einer der wichtigsten spanischen Umschlagplätze in der südlichen Karibik war. Mit acht Schiffen und rund 700 Mann brach er von Tortuga auf, und bereits auf dem Weg zur venezolanischen Küste machte er reichlich Beute: vor Puerto Rico kaperte er ein nach Mexiko segelndes Schiff, auf dem sich 40 000 Pesos und Truhen mit Juwelen von noch einmal demselben Wert befanden; auf einem anderen Schiff erbeutete die Bukanierflotte kurz darauf einen Laderaum voll Musketen und mehrere Fässer Schießpulver, die für eine spanische Garnison auf Hispaniola bestimmt waren. Als die Piratenflotte die äußeren Befestigungsanlagen an der Einfahrt zum Maracaibosee überwand, ließ man gerade so viele Verteidiger am Leben, daß diese in die Stadt flüchten und dort irrwitzige Schilderungen über die schreckliche, sich der Stadt nähernde Piratenstreitmacht verbreiten konnten, worauf der von den Bukaniers gewünschte Effekt eintrat: eine Panik unter der Bevölkerung, die in überhasteter Flucht in den umliegenden Wäldern Schutz suchte. L'Ollonais konnte nun nahezu kampflos in Maracaibo einziehen und Haus für Haus plündern. Anschließend stellte er den geflohenen Einwohnern nach, um aus diesen die Verstecke von Geld und anderen Wertsachen herauszupressen. Doch auch danach war die Gier der Piraten nicht befriedigt: in der auf der gegenüberliegenden Seite des Maracaibosees gelegene Stadt Gibraltar vermuteten sie ebenfalls lohnende Beute, zumal sich einige Einwohner Maracaibos dorthin geflüchtet hatten, und so wurde auch dieser Ort von ihnen gebrandschatzt.

Knapp tausend Spaniern, Männer, Frauen und Kinder, kosteten die beiden Überfälle das Leben, an die fünfhundert Frauen, Kinder und Sklaven gerieten in Gefangenschaft. Die Piraten dagegen zählten in ihren Reihen nur vierzig Tote und dreißig Verwundete, von denen aber fast alle teils am Fieber, teils am Wundbrand starben. Die gefangenen Frauen ereilte das übliche schreckliche Schicksal in Piratenhand: sie waren hemmungsloser Vergewaltigung ausgeliefert. Andere Gefangene, die, wie Exquemelin schreibt, die Piraten für reich hielten, «folterten sie täglich, und wer nichts verriet, wurde getötet».

Erst nach mehreren Wochen Marodierens verließen l'Ollonais und seine Bukaniere die Maracaibosee wieder und zogen sich in einer einsamen Bucht Hispaniolas zurück, um nach Bukanierbrauch die Beute aufzuteilen. Aus der Aufzählung Exquemelins geht hervor, daß sie allein Münzen und Edelmetall im Wert von 260 000 Pesos erbeutet hatten, dazu Leinen- und Seidenballen sowie allerlei Hausgerät und Tafelsilber von alles in allem weiteren 100 000 Pesos. Dieses Vermögen sollen sie nach ihrer Rückkehr nach Tortuga auf Piratenart in kürzerer Zeit durchgebracht haben, als sie es an sich gebracht hatten. So dauerte es nicht lange, bis l'Ollonais mit seinen Leuten einen neuen Raubzug startete, der diesmal gegen die Küste von Nicaragua gerichtet war. Doch verlief diese Raubfahrt anders als erwartet, obwohl l'Ollonais über eine ansehnliche Streitmacht von sechs Schiffen mit zusammen 700 Mann verfügte. Die Spanier waren gewarnt und zogen sich entweder zurück oder versuchten, durch Hinterhalte das Vordringen der Bukaniere zu den dortigen Silberminen zu verhindern. Auch von hier sind uns wieder Akte bestialischer Grausamkeit l'Ollonais' überliefert. So wird berichtet, wie er, als ihm eine Gruppe spanischer Soldaten in die Hände gefallen war, einem ihrer Anführer mit seinem Entermesser die Brust aufschlitzte und ihm zum Entsetzen der anderen das noch zuckende Herz herausriß und einem anderen Spanier in den Rachen steckte, um auf diese Weise von seinen Gefangenen die gewünschten Informationen zu bekommen.

Doch auch l'Ollonais sollte kein besseres Ende beschieden sein. Schon kurze Zeit später fiel er – mit einigen Kumpanen versprengt operierend – Darién-Indianern, die bisher mit Europäern noch nicht in Berührung gekommen waren, in die Hände. Entkommene Bukaniere berichteten später, daß die Indianer l'Ollonais zerteilt und die einzelnen Stücke seines Körpers auf den indianischen Öfen gegrillt und verspeist hätten.

IV. Auf der Schattenlinie

Seit der Mitte des 17. Jahrhunderts veränderte sich das Seeräuberwesen in der Neuen Welt in dem Maße, wie außer den Spaniern und Portugiesen andere europäische Staaten dort eigene Kolonien etablieren konnten. Weil diese Staaten aber nicht in der Lage waren, ihre zunächst schwachen Kolonien durch Kriegsflotten wirksam zu schützen, und weil die Politik der Regierungen dieser Staaten – vor allem durch Handelsbeschränkungen – oftmals den Interessen der eigenen Kolonien zuwiderliefen, tendierten diese Kolonien dazu, eine eigene Politik zu betreiben. Genauer gesagt: einflußreiche merkantile Interessengruppen beeinflußten die Kolonialbehörden in dieser Richtung. Bestandteil dieser Politik war nicht selten, die Schiffahrt und die Häfen rivalisierender Kolonien zu plündern, selbst wenn die Mutterländer dieser Kolonien im tiefsten Frieden miteinander lebten. Die beschränkten obrigkeitlichen Kontrollmöglichkeiten und ein ständig wachsender Seehandel sowie die zahlreichen Bukaniere schufen ideale Voraussetzungen für diese neue Form der Piraterie. Seeraub wurde nicht nur ein Instrument der Kolonialpolitik, initiiert und unterstützt von Kaufleuten und Kolonialbeamten, sondern auch ein bedeutender kolonialer Wirtschaftszweig.

All diese vielfältigen Interessen, die sich jetzt im Seeraub bündelten, ließen die Unterscheidung zwischen Recht und Unrecht, zwischen Kaperei und Piraterie, noch undeutlicher werden als bisher. Es ergab sich eine breite Grauzone, ein diffuser Schattenbereich, in dem eine unsichtbare Linie verlief, die Recht von Unrecht schied, die sich aber ständig veränderte. Wer sich auf dieser Schattenlinie bewegte, war stets der Gefahr ausgesetzt, vom Freibeuter zum Piraten zu werden. Oder er hatte umgekehrt das Glück, daß sein piratisches Rauben als Freibeuterei gewertet wurde.

Die Karriere des Henry Morgan bietet das beste Beispiel dafür, wie einer in der Grauzone von Piraterie und Kaperkrieg erfolgreich sein Unwesen trieb, der immer dann, wenn scharfe Klagen gegen ihn erhoben wurden, stets von einflußreichen Hintermännern gedeckt wurde. Er war ein Pirat, der in entscheidenden Phasen dem englischen Staatsinteresse diente und der schließlich sogar geadelt auf hohem Verwaltungsposten sein Leben beendete – ein Leben, das er größtenteils auf der Schattenlinie verbracht hatte.

Die englische Regierung verfolgte in dieser Epoche gegenüber den Seeräubern eine ambivalente Politik. Die Gouverneure in den Kolonien wurden ermächtigt, Piraten mit Kaperbriefen auszustatten, wenn deren Treiben der englischen Krone dienlich war, oder Gnadenbriefe auszufertigen, um erfolgreiche Piraten für die englischen Interessen zu gewinnen. Gleichzeitig versuchte die offizielle Politik, das Verhältnis mit Spanien zu verbessern. Überfälle auf spanische Schiffe oder Städte in Westindien konnten vor diesem Hintergrund illegalen und nicht kontrollierbaren piratischen Akten zugeschrieben werden. Es war eine doppelzüngige Politik, die die Spanier natürlich durchschauten, gegen die außer verstärkten Schutzanstrengungen in den Kolonien und Protesten in London kein Mittel blieb, weil auch Spanien auf einen Ausgleich mit England bedacht war und Beweise für eine Verwicklung der englischen Regierung schwerlich beizubringen waren.

Der um 1635 in Wales geborene Henry Morgan kam 1654 mit den von Oliver Cromwell entsandten englischen Expeditionstruppen in die Karibik, wo er an der Eroberung Jamaikas teilnahm. Im dadurch verursachten Kleinkrieg beteiligte er sich an den Raubzügen Sir Christopher Mings', eines englischen adligen Freibeuters, der mit großem seemännischen Geschick und untrüglichem Instinkt spanischen Schatzschiffen auflauerte und Hafenstädte an der venezolanischen Küste plünderte. Bei einem dieser Überfälle – auf die vermeintlich unbedeutende Stadt Coro – erbeutete Mings einen so großen Silberschatz, wie es seit den Tagen Drakes bei einem einzigen Überfall nicht mehr geschehen war: 22 schwere Truhen mit mindestens eineinhalb Millionen Pesos Silber sollen den Engländern hier in die Hände gefallen sein. Obwohl inzwischen ein wohlhabender Mann, der sich für den Rest seiner Tage hätte zur Ruhe setzen können, setzte Mings noch einige Jahre seine Freibeutertätigkeit fort, wobei sich Jamaika, insbesondere das inzwischen zu einer uneinnehmbaren Hafenfeste erbaute Port Royal, als idealer Stützpunkt erwies, von dem aus die Raubziele bequem erreicht werden konnten. Nicht zuletzt deshalb wurde die Hafenstadt im letzten Drittel des 17. Jahrhunderts zur Hochburg der Bukaniere und für die Spanier zum Herd allen Übels, auf den man Gottes gerechten Zorn herbeiflehte (was 1692 mit einem Seebeben in Erfüllung gehen sollte). Zwielichtige Handelshäuser, Kneipen, Spielhöllen und Bordelle schossen wie Pilze aus dem Boden von Port Royal, das Tortuga als Seeräuberunterschlupf nunmehr in den Schatten stellte. Hierher gelangten so große Mengen geraubten Edelmetalls, daß der Geldumlauf mitunter größer gewesen sein soll als in London. Die Hafenstadt wurde zum Anziehungspunkt der verwegensten und auch niederträchtigsten Gesellen, so daß seine Bezeichnung als «Sodom der Neuen Welt» eine gewisse Berechtigung hatte. Port Royal war nicht nur Seeräubernest, sondern zeitweilig auch der größte Umschlagplatz für schwarze Sklaven in der Karibik.

In diesem Milieu stieg Henry Morgan zum bedeutendsten aller Bukanierkapitäne auf. Anfang der 1660er Jahre tritt er uns als Führer eines eigenen, kleineren Schiffes entgegen, das im Gefolge des seinerzeit erfolgreichsten Bukaniers, Edward Mansfield, die Karibik durchstreifte und nicht nur spanische Schiffe kaperte, sondern auch Handelsniederlassungen und Küstenorte plünderte. Exquemelin zufolge soll Morgan zu dieser Zeit bereits großes Ansehen bei den ‹Brüdern der Küste› besessen haben. Nach Mansfields Tod 1666 in spanischer Gefangenschaft avancierte Morgan zur Schlüsselfigur im ‹Kaperkrieg› des Gouverneurs von Jamaika, Sir Thomas Modyford. Denn Morgan schien diesem der einzige englische Bukanierführer zu sein, auf den er sich einigermaßen verlassen konnte und mit dessen Hilfe die Bukaniere instrumentalisiert werden konnten. Folglich stattete er ihn reichlich mit Kaperbriefen aus, und Morgan sollte ihn nicht enttäuschen. Als ‹Admiral der Brüder der Küste› setzte er 1668 mit mehreren Schiffen und einer Gefolgschaft von rund 500 Bukanieren zu seinem gewaltigen, mehrjährigen Raubzug an, der alles bisher Dagewesene weit übertraf.

Das erste Opfer war im Sommer 1668 die Hafenstadt Portobello, die stärkste spanische Festung in Westindien nach Havanna und Cartagena. Hierher hatten die Spanier nach Drakes Überfall auf die Silbertransporte nach Nombre de Dios ihren Umschlag verlegt und den Hafen gut befestigt. Doch die Befestigungsanlagen konnte Morgan ausschalten, indem er diese des nachts umging und entgegen den Erwartungen der Spanier von der Landseite her anstürmte. 31 Tage lang brandschatzten Morgans Bukaniere die Stadt, wobei sie, wie Exquemelin festhielt, «vor den wüstesten Ausschreitungen nicht zurückschreckten». Die Räuber verschonten nur diejenigen, welche sie zu den Verstecken des Geldes und Edelmetalls führten.

Mit einer Beute in Höhe von 215 000 Piastern kehrte Morgan nach Jamaika zurück. Der ihm zustehende Anteil an dieser Summe mag die Bedenken, die Modyford vielleicht gekommen sein mögen, beiseite gewischt haben, denn eigentlich bezog sich der Kaperbrief, den er Morgan ausgestellt hatte, nur auf die Schiffahrt und nicht auf den Überfall von spanischen Häfen. Doch Modyford war möglicherweise auch der früheren Taten englischer Freibeuter eingedenk, die dem englischen Interesse so dienlich waren, indem sie ihre piratischen Aktivitäten auch auf das Land ausdehnten. Und so beschloß der Gouverneur, auch künftig über rechtliche Feinheiten hinwegzusehen.

Während Morgan einen Teil seines Beuteanteils in den Erwerb einer Zuckerrohrplantage auf Jamaika investierte, hat sich der größte Teil seiner Männer alles Mögliche einfallen lassen, um das geraubte Geld in Port Royal möglichst schnell auszugeben, so daß sie ihren ‹Admiral› schon nach kurzer Zeit drängten, einen neuen Raubzug zu unternehmen. Das kam den Absichten Morgans und Modyfords durchaus gelegen, denn diese hatten schon neue Pläne, sich auf Kosten der Spanier zu bereichern. Diesmal war Modyford von vornherein eingeweiht, daß der Raubzug erneut einer spanischen Hafenstadt gelten sollte. Zunächst war Cartagena vorgesehen, doch weil wegen einer Unvorsichtigkeit während eines Zechgelages an Bord des Schiffes Oxford, das Morgan von der englischen Admiralität zur Verfügung gestellt worden war, die Pulverkammer in die Luft flog und dieses Schiff mit rund 200 Mann versank, mußte Morgan seine Pläne ändern und erst einmal seine Mannschaft und insbesondere seine Führungskräfte wieder ergänzen. Als neues Opfer wurde Maracaibo ausgewählt, das im März 1669 nach einem verwegenen Handstreich geplündert wurde – nur wenige Jahre, nachdem l'Ollonais dort sein Unwesen getrieben hatte. Wieder war die Bevölkerung wochenlang Mord, Vergewaltigung und anderen Grausamkeiten ausgesetzt, und wenn die spanischen Proteste und Schilderungen der bestialischen Greueltaten, die Morgans Leute bei diesem Überfall begingen, in London keine Konsequenzen nach sich zogen, so wird das nicht zuletzt darauf zurückzuführen sein, daß sowohl König Charles II. als auch dessen ständig in Geldnot steckender Bruder James, Herzog von York und seines Zeichens Lord der Admiralität, ihren Anteil an der Beute erhielten.

Außerdem verschaffte Modyford Morgan jedesmal die politische Rückendeckung, wenn dieser einen seiner Raubzüge gegen spanische Karibikhäfen durchgeführt hatte und die Klagen der Spanier am Londoner Hof lauter wurden. Denn Modyford war der Vetter des einflußreichen Duke of Albemarle, dessen energischem Agieren die Wiedereinführung der Monarchie nach dem Cromwellschen Experiment mit der Republik wesentlich zu verdanken war. Modyford war sich vollkommen im klaren darüber, daß Morgan im Grunde ein Pirat war wie die anderen Bukaniere auch, der seine Überfälle zudem mit äußerster Brutalität durchführte. Morgan war, seitdem er über die Bukaniere befehligte, zusehends grausamer und menschenverachtender geworden und in mancherlei Hinsicht durchaus mit den Anführern vom Schlage eines l'Ollonais oder Montbars (‹Exterminator›) zu vergleichen.

All das, was Morgan tat, war im Grunde genommen mit einem Kaperkrieg nicht vereinbar. Aber Morgans Erfolge festigten Modyfords Position als Gouverneur und füllten seine Kassen genauso wie die der Interessenten im Hintergrund. Zudem konnte Morgans Treiben in London als der Sache Englands dienlich erfolgreich verkauft werden. Und das im wortwörtlichen Sinn. Zudem brachten einschlägige Schriften, mit denen das englische Publikum über die Ereignisse in der Karibik informiert wurde, dem Piraten aus Wales durchaus Sympathie entgegen. Schon verglich man ihn mit dem Nationalhelden Drake.

Das Zusammenspiel zwischen Modyford und Morgan artete Ende 1670 in einen regelrechten Feldzug zum mittelamerikanischen Festland aus, den Modyford als Antwort auf spanische Raids gegen Jamaika plante und der von Morgan als Plünderungszug in Szene gesetzt wurde. Als sich die Nachricht von dem geplanten Vorhaben in Bukanierkreisen herumgesprochen hatte, fanden sich 2000 Bukaniere von Jamaika, Hispaniola und Tortuga am verabredeten Treffpunkt ein. 36 Schiffe verschiedenster Größe mit zusammen 240 Kanonen bildeten eine Seeräuberflotte, wie sie die Karibik vordem noch nicht gesehen hatte. Das Ziel ihrer Besatzung war die Stadt Panama, die am Pazifik gelegene Drehscheibe des spanischen Umschlags mit Südamerika und Ostasien, von der ausufernde Erzählungen über ihren sagenhaften Reichtum kursierten, eine Schatzkammer, die nicht einmal Drake erobert hatte. Diese von Freibeutern bislang verschont gebliebene Hafenstadt setzte sich nun Morgan als Ziel. Er landete in Colon und zog mit seiner Streitmacht über den Isthmus nach Panama, erstürmte und brandschatzte die völlig überraschte Stadt und die in dessen Hafen liegenden Silberschiffe. Mit einer riesigen Beute an Gold, Silber und anderen Kostbarkeiten, die von 175 Maultieren getragen wurde, sowie rund 600 Gefangenen trat er einen Monat später den Rückweg zur Karibikküste an.

Die Verwüstungen, die Morgans Bukaniere in der Stadt Panama anrichteten, waren so gewaltig, daß die Stadt von den Spaniern nicht wieder aufgebaut wurde. Statt dessen wurde vier Meilen entfernt eine neue Stadt gleichen Namens errichtet, über die Dampier bereits zehn Jahre später berichten konnte, daß sie von einer hohen steinernen Mauer umgeben und mit vielen schönen Häusern versehen sei, «daß dies alles einen so herrlichen Anblick ergibt, als ich jemals, besonders in Amerika, vor Augen bekommen habe». Alle Schätze und Waren würden durch sie hindurch geführt, die Packhäuser seien nie leer und die Reede fast nie ohne Schiffe.

Seit hundert Jahren, seit den Raubzügen Drakes, war die Westküste Spanisch-Amerikas von Seeräuberei nahezu unbehelligt geblieben. Mit Morgans Angriff auf Panama aber war die mittelamerikanische Pazifikküste mit einem Schlag für Freibeuter und Piraten wieder attraktiv geworden. Der spanische Warenaustausch zwischen den Kolonien in Ostasien und Mittelamerika sowie die zum Golf von Panama gehenden Silberschiffe aus Südamerika versprachen reiche Beute. In William Dampiers Tagebuch nehmen die Schilderungen breiten Raum ein, wie die mit englischen und französischen Freibriefen ausgestatteten Piratenkapitäne Bartholomew Sharp, John Swan und Edward Davis von diesen Verheißungen angelockt in den 1680er Jahren die Gewässer und Küstenstriche der mittel- und südamerikanischen Pazifikküste unsicher machten.

Diese Fahrten wie auch Morgans Raubzug 1671 nach Panama fanden statt, obwohl England und Spanien schon 1670 ein Abkommen zur Unterdrückung der Seeräuberei getroffen hatten. Darin hatte London sich verpflichtet, keine gegen Spanien gerichteten Kaperbriefe mehr auszustellen. Doch mit der Umsetzung dieser Verpflichtung ließ sich die englische Krone Zeit. Erst als das englische Handelsbürgertum die Erkenntnis, daß durch Schleichhandel und Schmuggel in Spanisch-Amerika größere und sicherere Gewinne zu erzielen waren als durch offenen Raub, in ein politisches Handlungsprogramm umsetzen konnte, erging von London der Befehl an die Gouverneure in den westindischen Besitzungen, den Seeraub der Bukaniere und anderer Piraten – wenn nötig mit Gewalt – zu unterdrücken.

Modyford war nur einer von vielen Gouverneuren, für die die Piraten ein Instrument im Spiel um Macht, Einfluß und Geld waren. Ihn unterschied von anderen, die genauso handelten, in erster Linie die Tatsache, daß er den erfolgreichsten und seinerzeit populärsten englischen Seeräuber zur Verfügung hatte. Doch auch diesem Gespann begann nach Morgans Panamazug der Wind ins Gesicht zu blasen, denn mit dem Tod des Duke of Albemarle war Modyfords Protektion am Hof dahin. Um das entrüstete Spanien zu besänftigen, wurde er das Bauernopfer und seines Gouverneurspostens enthoben und ebenso wie Morgan unter Arrest nach England verbracht. Während Modyford unmittelbar in den Tower gesperrt wurde, in dem er zwei Jahre lang schmoren mußte, konnte sich der Seeräuber in London frei bewegen und erlitt nicht das Schicksal Walter Raleighs, der zwei Generationen zuvor auf Grund des spanischen Begehrens nach Genugtuung dem Londoner Scharfrichter zum Opfer fiel. Morgan erhielt letzten Endes sogar eine Standeserhöhung durch Erhebung in den Ritterstand. Die Gründe hierfür waren auch wieder reine Machtpolitik – nur diesmal eine gegen das Bukanierwesen gewandte. Denn Morgan scheint die Admiralität und den König überzeugt zu haben, daß kein anderer als er Gewähr dafür tragen könne, daß das Seeräuberwesen in der Karibik eingedämmt werden könne. Außerdem hatte der Beuteanteil aus dem Panamaraubzug der Schatulle des Lords der Admiralität, der ein Schiff beigesteuert hatte, 10000 Pfund zugeführt und die Geldbörse des Königs um knapp 7000 Pfund bereichert. Und so kehrte Morgan als Sir Henry 1674 nach Jamaika zurück – mit dem Titel eines Gouverneurleutnant und als einer der reichsten Plantagenbesitzer der Insel zudem. Doch an der Ausführung seines Auftrages, die englischen Bukaniere zu bekämpfen, scheint er schon bald keinen Gefallen mehr gefunden zu haben, denn wenn er sich nicht auf seinem Landsitz aufhielt, war er, und dies immer häufiger, in den Spelunken Port Royals anzutreffen. In diesem altvertrauten Milieu verfiel er mehr und mehr dem Suff. Ein Arzt berichtete kurz vor Morgans Tod 1688 über den einst in der ganzen Karibik so gefürchteten Erzpiraten, sein Bauch sei vom vielen Alkoholkonsum so aufgebläht, daß ihm kein Rock mehr passe und Morgan kaum noch in der Lage sei, die Hängematte zu verlassen.

Gouverneure in den nord- und mittelamerikanischen Kolonien des späten 17. Jahrhunderts verfügten in der Regel nicht über die Machtmittel, um Piratennester, die sich in einem ihrer Häfen gebildet hatten, auszurotten. Wenn sie solche Mittel einmal doch hatten, weil von London beispielsweise Hilfe durch die Royal Navy zur Verfügung gestellt wurde, liefen sie Gefahr, daß die vertriebenen Piraten sich in einer Konkurrenzkolonie festsetzten und von dort aus ihr piratisches Gewerbe gegen die Kolonie fortsetzten, aus der sie vertrieben worden waren. Es konnte auch geschehen, daß sie sich mit französischen oder anderen Piraten zusammentaten, was nach 1689 besonders gefährlich wurde, da Frankreich seitdem einen intensiven Kaperkrieg gegen England führte. Dieser wurde von Saint Malo aus in großem Stil betrieben. Von hier stammte auch der erfolgreichste aller französischen Freibeuter, René Duguay-Trouin. In seinem langen Korsarenleben erbeutete er Hunderte von englischen Schiffen. Seine Erfolge führten schließlich zu seiner Ernennung zum Vizeadmiral durch den französischen König. Seinen spektakulärsten Coup landete er jedoch 1711 in Südamerika, als er mit seinen Leuten Rio de Janeiro überfiel und die Stadt zur Prise erklärte, die er erst wieder freigab, als die Bewohner die ungeheuer große Lösegeldsumme von 25 Millionen Dukaten an ihn entrichtet hatten.

Aus all diesen Gründen schien vielen englischen Gouverneuren eine andere Politik in jeder Hinsicht vielversprechender, nämlich die Piraten gewissermaßen als Söldnertruppe zu tolerieren und sie gegebenenfalls als Freibeuter und Kaperfahrer zu legitimieren und auf Raubzüge gegen Feinde zu schicken. Es galt auch, nicht allzu viele Fragen über die Herkunft ihrer Prisen zu stellen, die sie in die Häfen zurückbrachten.

In diesen Kontext gehört die Geschichte des Thomas Tew aus Rhode Island, der kleinsten der Provinzen Neuenglands. Tew hatte sich nach 1689 auf Kaperfahrten bewährt, und deshalb übertrug ihm ein Konsortium aus einigen Kaufleuten Neuenglands das Kommando über eine gerade vom Stapel gelaufene Brigg. Vom Gouverneur der Bermudas besorgte man ihm einen

Kaperbrief, mit dem Tew ermächtigt wurde, gegen französische Schiffe und Niederlassungen vorzugehen. Die englischen Kolonien waren durch den Krieg gegen Frankreich in eine schwere Wirtschaftskrise geraten. Zwar war als Kaperrevier die afrikanische Goldküste und dortige französische Handelsniederlassungen benannt, doch insgeheim war zwischen Konsortium und Tew abgemacht, daß die Raubfahrt ins Arabische und Rote Meer gehen sollte.

Durch Seefahrer im Dienst der großen ostindischen Handelsgesellschaften war die Sage von unermeßlichen Schätzen, die auf den dortigen Schiffahrtsrouten transportiert wurden, bis nach Neuengland gedrungen. Der Austausch der Güter zwischen Arabien und Indien wurde von der sogenannten Mokkaflotte besorgt, der Piraten von allen Gestaden des Indischen Ozeans am Eingang zum Roten Meer, dem Bab el Mandeb, das nicht grundlos ‹Tor der Trauer› genannt wurde, auflauerten. Dazu gesellte sich nun nach monatelanger Fahrt über den Atlantik und um Südafrika herum Thomas Tew mit seiner auf 70 Leute geschrumpften Besatzung. Kaum angelangt, fiel ihnen auch schon ein großes, reich beladenes und von 300 Soldaten begleitetes Schiff des indischen Moguls in die Hände, das sie trotz ihrer deutlichen zahlenmäßigen Unterlegenheit mit ihrem bis dahin im Indischen Ozean nicht gekannten westindischen piratischen Furor im Handumdrehen eroberten, ohne einen einzigen Mann zu verlieren. Dieses Schiff blieb zwar die einzige Beute Tews im Indischen Ozean, doch es trug Schätze, die die kühnsten Träume der Piraten übertrafen. Es bedurfte deshalb keiner großen Überredungskunst Tews, um seine Besatzung zu bewegen, unmittelbar Kurs zurück nach Nordamerika zu nehmen, wo er nach vier Monaten Fahrt im April 1694 glücklich ankam. In Newport und anderen Häfen sprach sich in Windeseile herum, mit welch gewaltigen Reichtümern Tew zurückgekommen war: 100000 Pfund in geraubtem Silber und Gold, dazu ungeheure Werte an Elfenbein, Gewürzen, Juwelen und Seidenwaren aller Art. Auf jedes einfache Besatzungsmitglied soll beim Verteilen der Anteile die unglaubliche Summe von 1200 Pfund entfallen sein – weit mehr als ein Seemann jemals während eines ganzen Lebens verdienen konnte. Thomas Tew selbst war nach dieser Fahrt ein gemachter Mann: Durch seinen Anteil gehörte er jetzt zu den wohlhabendsten Bürgern der Kolonie, seine soziale Stellung stieg um mehrere Stufen. Er und seine Frau wurden nach seiner Übersiedlung nach New York gern gesehene Gäste im Hause des dortigen Gouverneurs Benjamin Fletcher, der mit Seeräubern gern Geschäfte machte. Auch das Kaufleute-Konsortium war mehr als zufrieden. Nach Abzug der Investitionskosten konnte eine schöne Summe, die geflissentlich geheimgehalten wurde, unter den Anteilseignern aufgeteilt werden.

Die Raubfahrt Tews hatte auf die weitere Entwicklung der Piraterie eine nicht zu überschätzende Bedeutung. Der Indische Ozean geriet nunmehr stärker denn je ins Visier der Seeräuber. Zwar hatten europäische Piraten schon seit langem jenseits des Kaps der Guten Hoffnung die Meere durchstreift und an bestimmten Stellen Handelsschiffen aufgelauert, oder Freibeuter waren durch königliche Kaperbriefe ermächtigt worden, «vom Kap bis nach China und Japan» zu plündern, wie Charles I. es seinen ‹Adventurern› erlaubte. Doch blieb die Zahl der europäischen Seeräuber im Indischen Ozean bis zu Tews Raubfahrt relativ klein und die Beute für die Piraten oft auch mehr als enttäuschend gering. Zu den wenigen Ausnahmen zählte die Kaperfahrt William Cobbs im Auftrag Charles I., die aber zu ernsten diplomatischen Verwicklungen mit dem Großmogul führte, als dieser aus Rache die englischen Kaufleute und Handelsagenten in Surat, der größten Handelsstation der East India Company an der indischen Westküste, als Geiseln nahm und erst wieder frei ließ, nachdem die Engländer die gewaltige Summe von 18000 Pfund als Entschädigung gezahlt hatten. Die East India Company tat daraufhin alles, um Cobb von der Admiralität als Piraten verurteilen zu lassen, doch besaß Cobb nicht nur das königliche Wohlwollen, sondern er hatte auch eine einflußreiche Kaufleutegruppe im Rücken, die zusammen mit dem König in Cobbs Unternehmen investiert hatten. Ihre Absicht war, durch Kaperfahrten wie diejenige Cobbs das Ansehen der East India

Company im Mogulreich zu untergraben und auf diese Weise selbst ins lukrative indische Geschäft zu kommen. Sie gründete sogar eine neue Gesellschaft, The Courteen Association, die nach dem größten Investor, Sir William Courteen, benannt wurde und Charles I. als stillen Teilhaber gewinnen konnte. Der Courteen Association war allerdings kein langes Dasein beschieden, denn die East India Company konnte sie nach kurzer Zeit wieder aus dem Weg räumen und ihr Handelsmonopol auf dem Subkontinent behaupten.

Durch die nach Tews Rückkehr ausufernden Gerüchte über die Reichtümer des Indischen Ozeans, die nur darauf zu warten schienen, von wagemutigen Seefahrern in Besitz genommen zu werden, wurde nun aber in den Hafenstädten Neuenglands unter Kaufleuten, Politikern und vor allem Seeleuten und armen Schluckern eine Art «Arabisches-Meer-Fieber» hervorgerufen. Ob in Boston, New York, Newport oder Philadelphia – überall machten nun phantastische Erwartungen die Runde und überall versuchten Kaufleute und Kapitäne, Schiffe für eine Raubfahrt in den Osten auszurüsten. Was das Gewissen betraf, wenn dieses sich überhaupt regte, so beruhigte man es damit, daß die potentiellen Opfer ja Ungläubige waren, die auszurauben für den Christenmenschen vermeintlich nicht als Sünde galt.

In diesen Zusammenhang gehört das Gegenbeispiel zu Morgan und Tew, das die Geschichte des William Kidd liefert. Sie steht beispielhaft dafür, wie einer auf der Schattenlinie als vermeintlicher Protegé einflußreicher Kreise, die bis in den englischen Hochadel reichten, von diesen fallengelassen wurde und als Sündenbock am Galgen endete. Schon zum Zeitpunkt seiner Hinrichtung im Jahre 1701 galt William Kidd der Öffentlichkeit allgemein als Seeräuber übelster Sorte, als Verkörperung eines brutalen Piraten schlechthin, den am Galgen am Themseufer sein gerechtes Schicksal ereilte. Aber kaum ein berühmter Seeräuber war tatsächlich aus geringerem Grund hingerichtet worden als er. Ein prominenter Fall wurde er nicht nur infolge der durch die East India Company gestreuten Propaganda, sondern vor allem auch durch die Berichterstattung seines priesterlichen Beistands im Londoner Gefängnis, Paul Lorrain, der seinen Lebensunterhalt damit auffrischte, daß er verurteilten Schwerverbrechern nicht nur geistlich beistand, sondern ihnen auch Geständnisse und Geschichten abrang und die Leckerbissen in moralisierenden Traktaten veröffentlichte. Klatschreporter griffen dies dann gern auf. Aber auch Johnson/Defoe trugen ihren Teil zum schlechten Ruf bei. Diese Schriften über die vermeintlichen Bekenntnisse Kidds und über seine Hinrichtung zeigen, wie stark schon zu diesem Zeitpunkt die Legendenbildung über das Piratenwesen gediehen war und die Hinrichtung eines Piraten als gesellschaftliches Ereignis erlebt wurde.

Mitte der 1690er Jahre waren die Klagen der East India Company über die gestiegene englische Piraterie im Indischen Ozean bei König William III. endlich auf Gehör gestoßen; zumal er als Statthalter der Niederlande auch von dort ständig Klagen über die durch Piraterie verursachten Verluste der VOC anhören mußte. Doch wegen des Krieges gegen Frankreich konnte und wollte er auf keines seiner Kriegsschiffe verzichten, um in Fernost Piraten zu jagen und den Handel der Handelskompanien zu schützen. Was William auf Anraten seiner Admiralität jedoch ohne finanzielle Belastungen des Staates tun konnte, war, die korrupten und die Piraterie fördernden Gouverneure und Beamten in den amerikanischen Kolonien auszutauschen, in der Hoffnung, dadurch der piratischen Brut die Basis zu entziehen. Der erste, der dieser ‹Säuberung› zum Opfer fiel, war Gouverneur Fletcher in New York. Seine Stelle wurde dem Iren Richard Coote, Earl of Bellomont, übertragen, der vordem Gouverneur auf Barbados war und als ein rechtschaffener Mann galt. Eine seiner vordringlichsten Aufgaben sollte sein, das enge Zusammenwirken von Regierungsvertretern, Großkaufleuten und Seeräubern in Nordamerika zu unterbinden. Doch auch Bellomont sollte den Verlockungen nicht widerstehen, die die piratischen Geschäfte verhießen. Noch bevor er nach Neuengland aufbrach, traf er im Sommer 1695 in London den umtriebigen New Yorker Geschäftsmann Robert Livingston, der ihn mit einem interessanten Projekt vertraut machte, das größten Gewinn versprach und dazu noch ganz legal und

Captain William Kidds Leichnam nach der Hinrichtung im Käfig am Ufer der Themse auf einer zeitgenössischen Darstellung

im Sinne der von allerhöchster politischer Stelle gewünschten Piratenbekämpfung schien. Als Geschäftsmann aus Neuengland war Livingston bekannt, welche Reichtümer Indiens in Piratenhand fielen. Ein einziges gekapertes Piratenschiff konnte 30000 Pfund und mehr einbringen. Seine Idee war, von einer hochadligen Interessengemeinschaft ein Kaperschiff ausrüsten zu lassen und dieses auf Piratenjagd in den Indischen Ozean zu schicken. Die dabei den Piraten abgejagten Schätze sollten unter den Interessenten aufgeteilt werden. Bellomont war von dieser Idee sofort begeistert und es gelang ihm, in allerhöchsten Kreisen Teilhaber zu gewinnen: den Earl of Shrewsbury, seines Zeichens Außenminister seiner Majestät, den Lordsiegelbewahrer Sir John Somers, den Earl of Orford, erster Lord der Admiralität, Lord Romney, Generalfeldzeugmeister, und dazu noch Charles Montagu, den nachmaligen Earl of Halifax und Gründer der Bank of England.

Diese vornehmen Herren wußten natürlich, daß ihr Unternehmen einen anrüchigen Charakter besaß, denn es zielte nicht in erster Linie auf die Beseitigung des Piratenwesens im Indischen Ozean, sondern auf die Aneignung bereits von Piraten geraubten Guts, ohne dieses an den rechtmäßigen Eigentümer zurückgeben zu wollen. Deshalb bedurfte es noch eines gewissen legalen Anstrichs für dieses Unternehmen, und in diesem Zusammenhang bot sich der Krieg gegen Frankreich an: Es sollte zwar ein von ihnen finanziertes Schiff sein, aber offiziell sollte es im königlichen Auftrag und mit einem von William III. gegen französische Schiffe ausgefertigten Kaperbrief nach Fernost geschickt werden. Dadurch würde nicht nur ein staatliches Interesse gekennzeichnet, sondern die Krone auch gewohnheitsrechtlich mit zehn Prozent am Gewinn beteiligt sein. Es fehlte nur noch ein geeigneter Schiffsführer.

In diesem Sommer 1695 hielt sich auch William Kidd in London mit seinem Schiff Antegoa auf. Er war ein durchaus vermögender New Yorker Kaufmann, Reeder und Kapitän. Er schien für den Auftrag genau der richtige Mann zu sein. Nicht nur dadurch, daß er als Familienvater und Grundeigentümer Gewähr dafür bot, nach gelungenem Raubzug zurückzukehren, sondern er war ein in den 1680er Jahren erfolgreicher Freibeuter in der Karibik gewesen, dem für seine damaligen Erfolge sogar eine königliche Auszeichnung zuteil geworden war.

Auf diesen Captain Kidd stieß Livingston, dem es gelang, Kidd den gleichermaßen ehrenvollen wie lukrativen Auftrag schmackhaft zu machen. In dem mit ihm abgeschlossenen ‹Geschäftsvertrag› finden sich allerdings nur die Unterschriften von Kidd, Bellomont und Livingston. Die hochadligen Finanziers wußten kompromittierenden Unterschriften aus dem Weg zu gehen, obwohl sie vier Fünftel der Investitionskosten trugen, nämlich 6000 Pfund. Livingston und Kidd schossen 1200 Pfund in das

Projekt. Eine zusätzliche Vertragsklausel aber sollte Kidd letzten Endes zum Verhängnis werden: Er verpflichtete sich nämlich, vor der Abreise 20000 Pfund als Sicherheit zu hinterlegen, die im Falle des Mißlingens unter den adligen Teilnehmern aufgeteilt werden sollten. Um dieses Geld aufbringen zu können, verkaufte Kidd die Antegoa für 10000 Pfund und für die gleiche Summe verschuldete er sich bei Livingston. Somit stand Kidd noch vor Antritt der Reise unter einem gewaltigen Erfolgsdruck. Die Kaperfahrt durfte kein Mißerfolg werden, wenn er seinen finanziellen Ruin verhindern wollte. Notfalls mußten auch andere als erlaubte Schiffe gekapert werden – aber das waren Gedanken, die Kidd sich erst viel später auf der Reise machen würde. Verschärft wurde der Erfolgsdruck durch die vertraglich festgelegten Teilungsbedingungen der prospektiven Beute: Nach Abzug der zehn Prozent für den König sollten vom Rest die hochadligen Finanziers 60 Prozent erhalten, Kidd und Livingston sollten sich 15 Prozent teilen und die Besatzung nur die restlichen 25 Prozent. Normalerweise standen bei Kaperfahrten der Besatzung 60 Prozent zu, da sie nach dem Motto «no prey no pay» keine sonstige Entlohnung erhielt. Außerdem wurde eindeutig festgelegt, daß unterwegs nichts von der Beute aufgeteilt oder gar veräußert werden durfte, sondern alles vollständig nach London gebracht und von der Admiralität geschätzt werden sollte.

Man fragt sich, wie Kidd als erfahrener Kaperfahrer auf diese höchst unvorteilhaften Bedingungen, die zu nichts anderem als Ärger – sowohl mit den Auftraggebern als auch der Besatzung – führen konnten, eingehen konnte. Im April 1696 segelte Kidd mit 150 ausgesuchten Leuten und der neu gebauten, mit 34 Kanonen bestückten und 48 Riemen versehenen Fregatte Adventure Galley los, beging aber noch auf der Themse den unverzeihlichen Fehler, die Grußpflicht gegenüber einem Kriegsschiff der Royal Navy bewußt zu mißachten, was dessen Kommandant mit dem Pressen von 70 von Kidds Leuten für die Marine beantwortete. Kidd segelte daraufhin nach New York, wo noch immer der korrupte Fletcher auf seinem Gouverneursposten saß und auf seinen Nachfolger wartete, und ergänzte dort seine Mannschaft. Doch was nun zu Kidd an Bord kam, waren zum großen Teil zwielichtige Gestalten aus besseren Bukaniertagen. Sie setzten Kidd nach der Abreise von New York dermaßen unter Druck, daß er vertragswidrig die Beuteanteile für die Besatzung auf die üblichen 60 Prozent erhöhte. Somit befand sich Kidd, als er nach monatelanger Fahrt endlich im Indischen Ozean ankam, in einem unlösbaren Dilemma. Doch es sollte noch schlimmer kommen: Ein ganzes Jahr kreuzte die Adventure Galley in der Weite des Indischen Ozean und im Arabischen Meer vergebens hinter Piraten oder französischen Kauffahrern her. Die Besatzung war – wegen Erfolglosigkeit gereizt, durch Cholera dezimiert und durch Skorbut geschwächt – schließlich dem Meutern nahe, und Kidd wußte aus Erfahrung, daß nur noch mit harter Hand dagegengehalten werden konnte. Als die Mannschaft wieder einmal Beschwerde führend an ihn herantrat, erschlug er aufgebracht einen ihrer Wortführer, den Geschützmeister Moore. Unter echten Piraten wäre Kidd nun abgesetzt worden, doch nominell noch immer Kaperfahrer im Auftrag der Krone, konnte er seine Befehlsgewalt sichern, allerdings nur gegen das Zugeständnis, nun endlich Beute zu machen – egal welches Schiff ihnen vor den Bug lief. Scheinbar zum Glück waren das fünf Schiffe, die französische Pässe mit sich führten, auch wenn zwei der Schiffe armenischen Kaufleuten gehörten, wie sich später herausstellte. Die Gesamtbeute belief sich immerhin auf knapp 50000 Pfund. Nach diesen Kaperungen lief Kidd den Hafen von Sainte Marie bei Madagaskar an, da der Rumpf der Adventure Galley durch den langen Aufenthalt in tropischen Gewässern inzwischen nahezu unbrauchbar war. Dort wurde die Beute nach der neuen Vereinbarung geteilt, worauf die meisten seiner Leute Kidd davonliefen, um sich dem Piratenkapitän Robert Culliford anzuschließen, der zur selben Zeit in Sainte Marie war. Mit dem Rest von Mannschaft und Beute segelte Kidd einige Wochen später auf einem der gekaperten Schiffe nach Westindien.

Verhältnismäßig schnell erfuhr man in London durch aufgebrachte Briefe der East India Company in Surat all diese Tatsachen, die von Kidds vermeintlichem Übertritt in die Piraterie berichteten. Diese Briefe waren den politischen Gegnern der hochadligen stillen Teilhaber Kidds mehr als willkommen. Ein Skandal drohte, und um diesen abzuwenden, stimmten die fünf hohen Herren lautstark in den Chor derjenigen ein, die bei Regierung und Admiralität drastische Maßnahmen gegen die Piraterie und insbesondere Kidd einforderten. Diese ließen auch nicht lange auf sich warten. Ein Geschwader der Royal Navy wurde in den Indischen Ozean geschickt mit dem Auftrag, Kidd gefangenzunehmen. Auch den Gouverneuren in den amerikanischen Kolonien wurde befohlen, Kidd zu ergreifen, sollte er dort inzwischen auftauchen.

Dergestalt hatte sich die Lage verändert, als Kidd im April 1699 in Anquilla auf den Kleinen Antillen ankam und von all dem nichts ahnte. Umso größer muß sein Erstaunen gewesen sein, mittlerweile auf allen Meeren und in allen Häfen als Pirat gejagt zu werden. Doch mit diesem Los wollte er sich nicht abfinden, glaubte sich weiter unter allerhöchster Protektion und berufen, das offensichtliche Mißverständnis aus dem Weg zu räumen. Anstatt nun mit seiner ansehnlichen Beute unterzutauchen und erst einmal abzuwarten, begab er sich auf einer unauffälligen Schaluppe nach Neuengland. Alles hing nun von Lord Bellomont ab, dem Initiator der verhängnisvollen Kaperfahrt, der inzwischen als Gouverneur in Boston residierte. Doch dieser spielte mit Kidd ein falsches Spiel: Er wog ihn zunächst in Sicherheit, um von ihm belastende Dokumente ausgehändigt zu bekommen, ließ ihn aber dann verhaften und Anfang 1700 mit ein paar Dutzend anderen Piraten und Räubern in Ketten nach London schaffen.

Ein Jahr saß Kidd dort im dreckigen Gefängnis von Newgate, der Hölle auf Erden, und wartete auf seinen Prozeß, während hinter den Kulissen die politischen Intrigen um seinen Fall munter weitergesponnen wurden. Während dieser Zeit schwoll in der Öffentlichkeit seine Piratensaga immer weiter an. Das war durchaus im Interesse der Machthaber und von diesen auch gefördert, denn um zu zeigen, wie ernst es der Regierung im Kampf gegen die Piraterie war, war es nützlich, den berüchtigsten dieser Seeräuber schon gefaßt zu haben. Und so war Kidd, als der Prozeß schließlich im Frühjahr 1701 in Szene gesetzt wurde, in den Augen des Londoner Publikums ein hinterhältigerer und todeswürdigerer Mordgeselle als alle noch freien Erzpiraten der Karibik und des Indischen Ozeans. Auch wenn wichtige Dokumente, die Kidd entlastet hätten, nicht beiseite geschafft worden wären (sie tauchten 219 Jahre später im Archiv auf), wäre seine Verurteilung nicht zu verhindern gewesen. An ihm – und nicht an Culliford, einem ‹richtigen› Piraten, der zur selben Zeit in London vor Gericht stand und mit dem Leben davonkam – sollte ein Exempel statuiert werden. Das Todesurteil war denn auch gedreht wie der Strick, mit dem Kidd im Mai 1701 am Galgen des Execution Dock vom Leben in den Tod befördert wurde. Sein geteerter Leichnam wurde noch Monate in einem Eisengitter am Galgen in Tilbury Point für jeden Seemann, der die Themse auf- oder abwärts fuhr, sichtbar zur Mahnung hängen gelassen. Diese makabre Zurschaustellung hingerichteter Piraten sollte bald im ganzen britischen Reich gang und gäbe werden.

Daß dergleichen Abschreckungsmaßnahmen zu keiner Zeit andere davon abgehalten haben, Schandtaten zu begehen, hat die Justiz- und Kriminalitätsgeschichte inzwischen mehr als hinreichend bewiesen. Dies galt auch und ganz besonders für das Piratenwesen, so daß die auf Kidds Zurschaustellung bezogene Hoffnung der Admiralität ein frommer Wunsch blieb, wie sich schon bald zeigte. Noch unzählige Piratenkapitäne und Piratenmannschaften sollten das Schicksal Kidds teilen.

V. Das «goldene Zeitalter» der Piraten

In keinem anderen Zeitraum der europäischen Kolonialgeschichte haben maritime Desperados einen so großen Einfluß auf die Geschicke der europäischen Staaten ausgeübt wie in der zweiten Hälfte des 17. und den ersten Jahrzehnten des 18. Jahrhunderts. Den Höhepunkt bildeten zweifellos die sechzehn Jahre zwischen 1655 und 1671, und ganz besonders der letzte Abschnitt dieses Zeitraumes, in dem Henry Morgan eine blutige Spur von Raub, Totschlag und Plünderung durch die Karibik zog und die dortigen Machtverhältnisse ins Wanken brachte. Die Bukaniere haben in diesen sechzehn Jahren, bei vorsichtiger Schätzung, mindestens zwei Dutzend Städte geplündert, dazu unzählige Dörfer und Plantagen zerstört. Der Schaden, den sie auf See der Schiffahrt und dem Handel zufügten, war unermeßlich. Der Marques de Barina schätzte 1685 die seit 1660 durch die Bukaniere erlittenen spanischen Verluste auf 60 Millionen Pesos. Die unwiederbringliche Vernichtung der kulturellen Werte, die durch das Einschmelzen von geraubten Gold- und Silbergegenständen oder das Versenken von mit amerikanischen Kunstwerken und anderen Kostbarkeiten beladenen Schiffen zustande kam, wird sich niemals beziffern lassen – genausowenig wie der Raub der Spanier und Freibeuter in den Generationen zuvor seit der europäischen Expansion nach Amerika.

Die Entwicklung der Großen Antillen als produktive koloniale Niederlassungen stand in diesen sechzehn Jahren vollkommen still, und auch in den Jahrzehnten danach wurde ihr Wirtschaftsleben, ebenso wie das anderer Regionen Amerikas, vom Piratenunwesen massiv beeinflußt. Immerhin erkannten gegen Ende des 17. Jahrhunderts die Kolonialmächte England und Frankreich mehr und mehr, daß das Treiben der Bukaniere unter ihren Flaggen mehr Schaden als Nutzen einbrächte. 1670 hatte Spanien die Besitzrechte Englands in Amerika formal anerkannt, und das französische Königshaus machte sich Hoffnungen auf einen legalen Erwerb des spanischen Throns. In dieser Situation wurden die piratischen Hilfstruppen lästig. Frankreich versuchte 1683 – letztlich vergeblich – per Verbot, das ‹Bukanieren› in seinen westindischen Besitzungen zu unterbinden. Sogar Tortuga war von dem Verbot betroffen.

Doch die Eindämmungsversuche sollten nur eine kurze Episode bleiben. Die Piraterie erlebte in neuerlichen Kriegen der europäischen Mächte im letzten Jahrzehnt des 17. Jahrhunderts wieder einen enormen Auftrieb. Die Gouverneure verteilten erneut freigiebig Kaperbriefe unter den Bukanieren. Denn im Kriege ist stets jeder Helfer willkommen. Mit der Brandschatzung Cartagenas durch französische Bukaniere 1689, hinter der ein von der Krone gedecktes Konsortium französischer Kaufleute und Beamter steckte, begann dieses neuerliche Aufleben der Piraterie. Erst der Frieden von Rijswijk 1697, der den 1689 begonnenen Krieg Ludwigs XIV. beendete, nahm den Bukanieren definitiv den Wind aus den Segeln. Um sie davon abzuhalten, den wieder aufblühenden kolonialen Handel zu beeinträchtigen, versuchte die englische Regierung, ‹ihre› Bukaniere dazu zu bringen, sich vom Seeraub abzuwenden und sich auf den westindischen oder nordamerikanischen Plantagen als Siedler niederzulassen. Doch dieses Bemühen der Engländer hat aufs Ganze gesehen genauso wenig wie die Anstrengungen der französischen Regierung dazu beitragen können, daß die Seeräuberei in der Karibik und im mittleren Atlantik deutlich nachließ. Denn der Seeräuber als Abenteurer auf eigene Faust streifte weiterhin über das Meer, und nicht wenige Bukanierkapitäne gingen nun zur offenen Piraterie über, die sich nicht mehr nur gegen Schiffe einer feindlichen Nation richtete. Scharenweise wechselten Bukaniermannschaften bei erstbester Gelegenheit auf das Schiff eines Piratenkapitäns, wenn ihr Kapitän ein Amnestieangebot angenommen hatte. Deshalb herrschte nie personeller Mangel, wenn es galt, dezimierte Piratenbesatzungen zu ergänzen.

Viele Piratenschiffe machten sich nun auf den Weg in den Indischen Ozean, den Thomas Tew gewiesen hatte. Vor allem

Madagaskar bot sich als Unterschlupf an – nicht nur wegen der unbekannten Größe der Insel und ihrer noch weitgehend unerforschten Tausende Kilometer langen Küstenlinie, sondern mehr noch dadurch, daß sich die europäischen Kolonialmächte hier trotz mehrerer Anläufe im 17. Jahrhundert nicht hatten festsetzen können. Neben den extremen klimatischen Bedingungen trug dazu die verwickelte Bevölkerungs- und Siedlungsstruktur der Insel bei, die durch eine Aufsplitterung in eine Vielzahl von Stammesverbänden gekennzeichnet war, die sich mehr oder weniger ständig um den Zugriff auf die agrarischen Ressourcen bekriegten. Eine zentrale Herrschaft hatte sich unter diesen Bedingungen nicht herausgebildet. Und stabile Beziehungen nach außen waren dadurch auch nicht möglich, weil ein Stammeshäuptling, der heute eine Handelsniederlassung in seinem Territorium zuließ, morgen schon von der Bildfläche verschwunden sein konnte. Überdies hatte die madegassische Bevölkerung, deren ethnische Ursprünge nicht in Afrika, sondern im indisch-ostasiatischen Raum lagen, überwiegend auch kein Interesse an einer Festsetzung der Europäer. Wiederholte Versuche der Iberer, Holländer und Franzosen, dauerhafte Handelsstationen zu errichten, wurden erfolgreich abgewehrt.

Bei den Piraten verhielt es sich anders. Denn diese gereichten den Madegassen durchaus zum Nutzen, wie sie bald festgestellt hatten. Einerseits brachten sie gefragte Waren zur Insel, andererseits waren sie dankbare Abnehmer der Agrarprodukte – vor allem des begehrten Rindfleisches. Durch die wachsende Nachfrage stiegen die Rinderpreise stetig an, was wiederum Zwietracht in die Rinder züchtenden Stämme brachte. In solchen Auseinandersetzungen waren die Piraten dem einen oder anderen Häuptling wiederholt von Nutzen, indem sie ihm bei gewaltsamen Stammesfehden beistanden. Dabei konnte es auch vorkommen, daß ein Piratenkapitän selbst zum Stammeshäuptling wurde, wie Ende der 1690er Jahre der aus Jamaika stammende mulattische Seeräuber Abraham Samuel, der mit anderen Mannschaftsmitgliedern des Piratenschiffs John and Rebecca an der Südküste der Insel gestrandet war, wo er in den Ruinen des von den Franzosen aufgegebenen Forts Dauphin einen Stützpunkt fand. Von hier aus konnte sich Samuel durch Beteiligung an verworrenen Stammesauseinandersetzungen zum Häuptling des größten der umliegenden Stämme aufschwingen und nannte sich fortan «King of Port Dolphin». Mit seinem Stamm und dem Rest seiner Piratenmannschaft führte er mitunter regelrechte Kriegszüge zum Zwecke der Sklavenbeschaffung durch. Diese madegassischen Sklaven wurden dann an Sklavenhändler, besonders von der holländischen Kapkolonie, verkauft. Schriftstücke an seine Geschäftspartner unterzeichnete er mit «Abraham Samuel Rex». Aber auch sein piratisches Gewerbe führte Samuel in Fort Dauphin weiter beziehungsweise ließ es weiterführen, wie einige dokumentierte Überfälle bezeugen. Der schiffbrüchige Seemann Robert Drury, der viele Jahre als Sklave eines Stammeshäuptlings im südlichen Madagaskar verbrachte, traf etwa 1705 einmal auf Abraham Samuel und hat ihn später beschrieben als «an Gicht erlahmt und auf den Schultern zweier Männer getragen». Das Ende Samuels liegt im Dunkel der Geschichte. Ein holländisches Sklavenschiff fand Fort Dauphin 1706 verlassen und in Ruinen vor.

Auch wenn die Quellen wiederholt von bewaffneten Auseinandersetzungen zwischen Piraten und Eingeborenen berichten, war es in der Regel eher so, daß die Madegassen piratische Niederlassungen an der Küste duldeten. Denn diese Piraten hatten ebensowenig wie sie selbst ein Interesse an der Etablierung englischer oder holländischer Stützpunkte und waren ihnen somit auch in dieser Hinsicht nützlich. Angriffe der Madegassen auf Piratensiedlungen gab es immer dann, wenn die Piratengemeinschaft erstarkte, sich fest organisierte und dadurch den Eingeborenen ein europäischer Machtfaktor zu werden drohte. Als anarchische, unorganisierte Gemeinschaft von Seeräubern und maritimen Desperados dagegen pflegte man zu ihnen durchaus freundliche Beziehungen.

Unter diesen Voraussetzungen entwickelte sich Madagaskar Ende des 17. Jahrhunderts, ausgelöst durch das «Arabische-Meer-Fieber», zu einem beliebten Piratennest und Umschlagplatz. Vor allem der Norden der Insel bot den Piraten nahezu ideale Bedingungen für die Ausübung ihres gewalttätigen Gewerbes. Hier fanden sich unzählige Buchten, natürliche Häfen und Ankerplätze. Besonders beliebt wurde die kleine, der Nordostküste vorgelagerte Insel Sainte Marie, deren Leeseite den Piraten einen ausgezeichneten Hafen bot. 1697 berichtete ein Kapitän der East India Company nach London, daß die Piraten hier eine regelrechte Befestigung mit rund 50 Kanonen errichtet hätten. Die Gemeinschaft soll aus etwa 1500 Piraten bestanden haben, die über 17 Schiffe verschiedener Größe verfügten. Hier gebe es Wirtshäuser, Bordelle, Spielhallen und Wechselstuben – ganz zu schweigen vom Sklavenmarkt und Warenumschlag. Diese Beschreibung kann man getrost für übertrieben halten, die wirklichen Verhältnisse waren eher bescheidener. Durch solche Berichte sollte die englische Regierung aufgeweckt werden. Schon vorher hatte die East India Company zahllose Schreiben wegen der anglo-amerikanischen Piraterie im Indischen Ozean nach London geschickt und die großen Gefahren aufgelistet, die von dem Nest in Madagaskar ausgingen.

Es mag erstaunen, daß es trotz dieses in London und andernorts bestehenden Wissens zu keinem ernsthaften Unternehmen der Royal Navy oder der holländischen Flotte kam, um das madegassische Piratennest auszuräuchern. Zwar lief 1699 ein englisches Geschwader in den Indischen Ozean, doch fuhr dieses an Madagaskar vorbei. Neuere Untersuchungen der einschlägigen englischen Dokumente haben gezeigt, daß diese Passivität weniger auf Unentschlossenheit oder Gleichgültigkeit der englischen Politiker und Admiralität beruhte, sondern in nicht geringem Maße der Tatsache zugeschrieben werden muß, daß einflußreiche Politiker und Geschäftsleute zu dieser Zeit in antipiratische Kaperfahrten investiert hatten und sich durch die Royal Navy keinen Strich durch die Rechnung machen lassen wollten. In diesem Zusammenhang ist das Beispiel William Kidds in Erinnerung zu rufen.

Die in den Indischen Ozean entsandten Schiffe der Royal Navy sollten dort in erster Linie den Seeraub einheimischer Piratengruppen eindämmen. Zwar hatte es zwischen Arabien und Indien seit den Anfangstagen der Seefahrt – wie könnte es auch anders sein – Piraterie gegeben, doch hatte sich diese bis zur Ankunft der Europäer auf bestimmte Küstenregionen begrenzt gehalten. Marco Polo berichtete Ende des 13. Jahrhunderts von Piratenflotten, die kampagnenartig im Sommer die Küstengewässer durchstreiften. Doch erst gegen Ende des 17. Jahrhunderts haben sich an der indischen Malabar-Küste größere, ernst zu nehmende einheimische Piratennester gebildet, die die Schiffahrt und die Geschäfte der europäischen ostasiatischen Handelskompanien massiv störten. Auf Ersuchen der englischen East India Company begann deshalb die Royal Navy einen sich über Jahrzehnte hinziehenden Kleinkrieg gegen diese Piratengruppen, der erst 1755 mit der Zerstörung der Piratenfestung Severndroog einigermaßen beendet wurde.

Im Schatten dieser Auseinandersetzung konnten die euroamerikanischen Seeräuber im Indischen Ozean ihr Unwesen treiben, und dies so lange vor Nachstellungen der Royal Navy relativ geschützt, wie sie sich hauptsächlich über arabische und indische Schiffe hermachten oder sogar über Schiffe einheimischer Piraten. Der Royal Navy war es zudem auch recht egal, ob europäische Handelskonkurrenten Englands durch Piraterie im Indischen Ozean Schaden erlitten.

Die sich bogenförmig um das nördliche Madagaskar ziehende Inselwelt der Komoren, Amiranten, Seychellen und Maskarenen war für Seeräuber ein ideales Revier, in dem sie sich, ähnlich wie in der Inselwelt der Bahamas oder der Kleinen Antillen, mit ihren Schiffen auf die Lauer legen konnten, um einen der reich beladenen europäischen Asienfahrer zu kapern – meist solche der holländischen VOC oder der englischen East India Company. Von hier aus konnten sie auch Beutezüge ins Arabische und Rote Meer unternehmen auf Schiffe der indischen Moguln oder auf die arabischen Pilgerfahrer. Letztere hatten zwar nicht immer kostbare Ware, aber stets sehr viele Menschen an Bord, die man ihrer Habe berauben und gegebenenfalls als Sklaven verkaufen konnte. Die Pilgerschiffe waren für die piratische Männergemeinschaft auch deshalb eine gern gesuchte

Beute, weil sich auf diesen Schiffen immer auch nicht wenige Frauen befanden. Viele Berichte Überlebender schildern die brutalen Vergewaltigungsorgien, die sich auf diesen Schiffen abspielten, wenn sie in die Gewalt hemmungsloser Seeräuber fielen. Unzählige Frauen wurden nach solchen Überfällen auch nach Madagaskar oder die angrenzenden Inseln verschleppt, wo sie meist ein erniedrigtes Dasein als Objekt der männlichen Begierde fristeten. Noch von zweifelhaftem Glück konnte diejenige sagen, die fest in die Hand eines Anführers fiel. Dann hatte sie oft mehrere Mätressen neben sich und war auch vor den Nachstellungen anderer Piraten einigermaßen sicher.

Madagaskar hatte für manch einen Piratenkapitän noch ein Gutes: Die nahegelegene französische Maskareneninsel Réunion war bekannt dafür, daß man dort bei hinreichender Geldzahlung ein Pardon bekam, so daß der eine oder andere Pirat als geachteter Neubürger dort den Rest seiner Tage verbrachte oder ein neues Leben begann, wie beispielsweise Christopher Condent. Dieser heiratete sogar die Schwägerin des Gouverneurs, mit der er einige Zeit später nach St. Malo zog, wo er sein geraubtes Geld erfolgreich in dem einzigen Gewerbe investierte, von dem er etwas verstand: der Seefahrt.

Zu den berühmtesten Aussteigern aus dem Piratenleben gehört aber zweifelsohne Henry Every, dessen spektakuläre ‹Erfolge› als Pirat schon die Phantasie der Zeitgenossen beflügelte. Er lieferte unter anderem das Motiv für das populäre zeitgenössische Stück «The Successful Pirate» am Londoner Theatre Royal, und auch Daniel Defoe scheint er mit seinen kolportierten Taten nicht unbeträchtlich inspiriert zu haben.

Henry Every (in der Literatur oft auch John Avery), um 1650 als Sohn eines Hafenwirts in Plymouth geboren und schon als Junge zur See geschickt, durchlief wie so viele andere Seeleute die damals üblichen Stationen in der Bordhierarchie, ohne allerdings – trotz seemännischer Begabung – aufgrund seiner niederen Herkunft über einen bestimmten Rang hinauszugelangen. Schon früh soll er sich unter den Bukanieren herumgetrieben haben und, aus Mangel an Alternativen, schließlich als Freibeuterkapitän in der südlichen Karibik tätig gewesen sein. Fest steht, daß er mit einem Freibrief des Gouverneurs von Bermuda im afrikanischen Sklavenhandel mitmischte. Dabei scheint er noch skrupelloser zu Werke gegangen zu sein als die wegen ihrer Rücksichtslosigkeit berüchtigten Sklavenhändler der englischen Royal African Company. In einem ihrer Berichte von der Guineaküste wird 1693 zum Ausdruck gebracht, daß man allenthalben auf Mißtrauen der Afrikaner stoße, was daran liege, daß «ihnen übel mitgespielt worden ist von solchen Haudegen wie Long Ben», womit Every gemeint war. Dieser scheint zu der Zeit bereits auf dem besten Wege vom Schleichhandel und der Kaperfahrt in die Piraterie gewesen zu sein. Denn 1693 erbeutete er zwei große dänische Handelsschiffe an der Westküste Afrikas. Schon wenige Monate später befehligte er eine regelrechte Piratenflotte aus sechs Schiffen im nördlichen Indischen Ozean, die Jagd auf die arabischen Pilgerflotten und die Handelsschiffe der indischen Moguln machte. Die Ironie der Geschichte wollte es, daß Every namentlich einer jener Piratenkapitäne war, hinter denen William Kidd her war, und daß der Jäger am Ende auch für die Taten des Gejagten büßen mußte.

Nahe der indischen Küste gelang Every im August 1695 mit seiner zu einem Schnellsegler umgebauten Fancy, die er 1694 im spanischen La Coruna erbeutet hatte, die Kaperung zweier Schiffe des Großmoguls, von denen eines, die Gang-i-Sawaii, das seinerzeit größte Schiff des Mogulreiches gewesen sein soll. Auf ihm befanden sich rund 600 Passagiere auf der Rückreise von Mekka zum indischen Surat, darunter Verwandte und hohe Würdenträger des Großmoguls. Obwohl dieses Schiff 62 Kanonen besaß und über eine zahlreiche und gut bewaffnete Besatzung verfügte, gelang es Everys Piraten, das Schiff nach verlustreichem Gefecht zu entern. Den Piraten kam dabei trotz ihrer deutlichen zahlenmäßigen Unterlegenheit größeres seemännisches und artilleristisches Geschick sowie wilde Entschlossenheit und Skrupellosigkeit zugute, die sich nach der Kaperung zu enthemmtem Morden und Vergewaltigungen steigerte. Der Kapitän der Gang-i-Sawaii, Ibrahim Khan, war während des Gefechts unter Deck geflohen und hatte versucht, sich zwischen den weiblichen Passagieren zu verbergen. Infolgedessen fehlte es den Indern an notwendiger Führung.

Männer wie Frauen waren nach der Kaperung den entsetzlichsten Folterungen ausgesetzt, damit sie die Verstecke der mitgeführten Kostbarkeiten verrieten. Viele Frauen haben, wie Davongekommene später berichteten, die bestialischen Übergriffe nicht überlebt oder sich diesen durch den Sprung ins Meer zu entziehen versucht. Die überlebenden Frauen wurden von den Piraten nach der Plünderung des Schiffes verschleppt. Über ihr weiteres Schicksal wurde nichts bekannt. Unter ihnen soll sich auch eine nahe Verwandte des Großmoguls befunden haben. Dies gab später Anlaß zu der Fabel von der indischen Prinzessin, die Every geheiratet und mit der er sich auf Madagaskar niedergelassen haben soll. Die überlebenden männlichen Passagiere und Besatzungsmitglieder durften die Fahrt nach Surat fortsetzen, wo sie von den grausigen Geschehnissen berichteten.

Auf der Gang-i-Sawaii fielen Every und seinen Piraten riesige Mengen Gold, Silber und Juwelen in die Hände – dazu noch kostbare Tuche und Gewürze. Die Vertreter des Großmoguls veranschlagten gegenüber der englischen East India Company die Verluste auf die unvorstellbare Summe von 600 000 Pfund und verlangten entsprechende Entschädigung, da es sich bei den Piraten doch nachweislich um Untertanen der britischen Krone gehandelt habe. Der Leiter der Niederlassung der East India Company in Surat bezifferte den Schaden hingegen auf etwas mehr als die Hälfte. Das erregte den Zorn des Moguls und seiner Amtsträger noch mehr, so daß es zu Vergeltungsmaßnahmen gegen die East India Company kam, die erst eingestellt wurden, als diese zusicherte, geeignete Maßnahmen gegen die englischen Piraten im Indischen Ozean zu unternehmen. Die Konkurrenten von der holländischen VOC nutzten die Gelegenheit, den englischen Handel zu schädigen, indem sie Gerüchte streuten, daß es sich bei den Piraten im Indischen Ozean ausschließlich um Engländer handle, was natürlich nicht der Fall war. Einige Zeit vor diesem Überfall wurde ein indisches Handelsfahrzeug von einem Piratenschiff überfallen, dessen Besatzung sich später sogar als Dänen herausstellte.

Everys Piratenflotte hatte sich nach diesem Raubzug nach Réunion abgesetzt, wo die Beute verteilt wurde. Der Anteil eines jeden Mannes belief sich allein aus dem Überfall auf die Gang-i-Sawaii auf rund 1000 Pfund sowie je eine Handvoll Juwelen. Das läßt darauf schließen, daß Every über rund 400 Mann befahl. Jüngere Piraten – anscheinend waren unter ihnen sogar welche unter 16 Jahren – erhielten zwischen 100 und 500 Pfund. Every bekam den einem Piratenkapitän traditionell zustehenden doppelten Beuteanteil. Wieviel er von den geraubten Schätzen, die nicht aus Edelmetall und Juwelen bestanden, für sich abzweigte, ist ungewiß. Sein Reichtum ist später Gegenstand von allerlei Spekulationen geworden, wozu auch der gängige Topos von dem auf einer einsamen Insel vergrabenen Schatz gehört. Bei den Komoren, Maskarenen und Seychellen sind neben der Karibik die legendären Schatzinseln zu suchen, die in der Abenteuerliteratur immer wieder beschrieben wurden.

Nach diesem knapp einjährigen Raubzug durch den Indischen Ozean zerfiel die piratische Flottengemeinschaft um Every genauso schnell, wie sie zustandegekommen war. Dieses unmittelbare Auseinandergehen nach Abschluß eines erfolgreichen Raubzuges ist ein stets wiederkehrendes Phänomen in der Geschichte der Piraterie gewesen. Die Gründe waren vielfältig: Das Spektrum reicht von aufkommender Zwietracht unter den einzelnen Schiffsführern oder Teilen der Mannschaft über unterschiedliche Vorstellungen hinsichtlich des künftigen Operationsgebietes bis hin zum Ausstieg einzelner oder großer Teile der Mannschaft aus dem piratischen Gewerbe. Denn gerade nach solch ‹erfolgreichen› Zügen wie diesem sah manch einer seinen Traum vom schnellen Reichtum erfüllt und strebte danach, sein Leben erst einmal in Ruhe zu genießen. Die schlichteren Geister hatten allerdings nach mehr oder weniger kurzer Zeit ihr Geld durchgebracht, und so finden wir sie bald auf der Besatzungsliste eines anderen Piratenschiffes wieder.

Von der Besatzung der Fancy haben es 50 Mann vorgezogen, sich auf Réunion niederzulassen. Every hingegen strebte zurück in die Karibik, wohin er sich im April 1696 mit aufgefrischter

Mannschaft und knapp 100 afrikanischen Sklaven an Bord auf die Reise machte. Nach mehrmonatiger Fahrt erreichte er zuerst die dänische Antillen-Insel St. Thomas, wo ein Teil der geraubten indischen Waren und der Sklaven verkauft wurde. Wie beliebt die Ankunft einer solchen Schiffsladung war, konnte der französische Dominikaterpater Labat beobachten: «Ein mit Gold bestickter Ballen Musselin konnte für lediglich 20 Sol erworben werden, und im gleichen Verhältnis stand der Rest der Ladung». Labat hatte viel Anschauungsunterricht, denn er bereiste zwischen 1690 und 1705 die ganze Karibik im Auftrag seines Ordens. 1722 erschien in acht Bänden sein sehr detaillierter Bericht.

Auch auf den Bahamas wurde die Fancy freudig aufgenommen und Every durfte sogar – gegen ein gewisses Erkenntlichzeigen, versteht sich – als Gast im Hause des Gouverneurs Nicholas Trott weilen. Hier scheint er erfahren zu haben, daß die Luft für Seeräuber seines Schlages in der Karibik inzwischen dünner geworden war. Gnadenerlasse waren trotz Wohlwollens des Gouverneurs nicht zu bekommen, auch nicht von dessen Kollegen auf Jamaika, das noch vor Jahren von den Seeräubern so profitiert hatte und mit Gnadenerweisen so großzügig gewesen war. Während des Aufenthaltes auf den Bahamas löste sich Everys Bordgemeinschaft allmählich auf. Nicht wenige brachten ihr geraubtes Geld und Gold genauso schnell wieder durch, wie sie es erworben hatten und landeten schließlich wieder in den heruntergekommenen Hafenspelunken allein mit der Hoffnung, neuerlich bei einem Piratenunternehmen anheuern zu können. Einige wenige verschwanden mit ihrem bescheidenen Wohlstand auf einem Handelsschiff nach Nordamerika, um dort ein neues Leben zu beginnen. Every aber machte sich schließlich im Sommer 1696 mit ein paar Dutzend seiner Männer auf einer Schaluppe auf den Weg nach England. Dieser an Zahl kümmerliche, aber mit Schätzen reich beladene Rest seiner ehedem furchterregenden Piratenmannschaft landete in der Nähe von Londonderry im Norden Irlands. Hier verlieren sich die Spuren Henry Everys im Dunkel der Geschichte, denn er war schlau genug, sich unmittelbar nach dem Landgang von seinen Kameraden zu trennen. Diese fielen denn auch in den folgenden Wochen und Monaten in Irland und Südengland durch Geldverschwendung und Prahlereien auf und nahezu einer nach dem anderen in die Hände der Behörden. Von den 24 gefangengenommenen Piraten endeten sechs am Galgen. In den Verhören konnten sie den Behörden über den Verbleib Everys keine nützlichen Hinweise liefern, so daß dessen weiteres Schicksal den zeitgenössischen Publizisten zu allerlei phantastischen Spekulationen Anlaß bot. Bei dem einen endete er als englischer Landedelmann, bei dem anderen als versoffener Bettler in der Gosse.

Die unter die Leute gebrachten Traktate über Everys Raubtaten, die gleichsam mit der Zahl dieser Traktate ins Unermeßliche stiegen, beflügelten allerdings die Sehnsucht manch armer Matrosenseele, auch einmal an die Schätze Indiens oder der Karibik heranzukommen. Schriften wie das in London 1709 erschienene Traktat «The Life and Adventures of Capt. John Avery, the Famous English Pirate, Rais'd from a Cabbin-Boy to a King, Now in Possession of Madagaskar» mögen dergleichen Sehnsucht fleißig bedient haben. Die Stunde solch armer Träumer sollte schlagen, als England wieder einmal unerschrockene Kaperfahrer auf die Ozeane schickte und nicht nach ihrem Vorleben fragte. Jetzt gerieten auch die ersten Ansätze, mit der Piratenplage aufzuräumen, wieder in Vergessenheit.

Im November 1700 war der spanische König Karl II. kinderlos gestorben. Er ließ ein schier grenzenloses Reich zurück, zu dem nicht nur mehrere Territorien in Europa, sondern auch riesige Kolonien in Amerika und Asien gehörten. In seinem Testament hatte er den Enkel Ludwigs XIV. von Frankreich zum Alleinerben benannt, der dann auch als Philipp V. den spanischen Thron bestieg. Doch es gab einen legitimen Rivalen, der mit Hilfe Englands und der Niederlande seinen Anspruch durchsetzen wollte: Erzherzog Karl von Österreich. 1701 befand sich Europa wieder in einem Krieg, dem um die spanische Erbfolge, in dem England, die Niederlande, Dänemark, Preußen und Savoyen in einer Allianz gegen Frankreich, Spanien und Bayern antraten.

Die englische Krone ermächtigte aufs neue private Schiffseigner, feindliche Schiffe zu kapern. Sogleich wurde im gesamten englischen Herrschaftsbereich eine große Zahl von Fahrzeugen zu Kaperschiffen umgerüstet, und bei einem derartigen Freibrief zum Rauben eilten natürlich auch viele Piraten herbei. Allein von New York aus operierte eine Flotte von dreizehn Kaperschiffen, die zwischen 1704 und 1707 insgesamt 36 Schiffe erbeutete und einen Gewinn von 60000 Pfund einstrich. Trotz hoher Verluste an Menschenleben – bis Ende 1707 hatte die Kaperflotte 260 Männer verloren – hielt der Zulauf an Seeleuten unvermindert an, besonders nach 1708, als das englische Parlament auf seinen Anspruch auf 10 Prozent jeder gemachten Prise verzichtete. Im Laufe des Krieges brachten englische Kaperfahrer über 2000 Prisen auf – überwiegend französische. Der Gesamtwert der Beute ging in die Millionen.

Nach dem Ende des Spanischen Erbfolgekrieges entwickelte sich auf den Bahamas eine blühende Seeräubergemeinschaft, in die im Laufe der Jahre immer mehr Piraten nicht nur aus anderen Schlupfwinkeln der Karibik, sondern sogar aus dem Indischen Ozean gelockt wurden – zuletzt eine Ansammlung von rund 2000 Mann – und dazu eine Vielzahl von Dirnen und Händlern, wie berichtet wurde. Viele junge Seeleute, die nichts anderes gelernt hatten als das von der englischen oder französischen Krone sanktionierte Plündern feindlicher Schiffe, nach dem Krieg aber von Arbeitslosigkeit gebeutelt wurden, strömten in diesen Schlupfwinkel der Piraterie. Es hatte sich herumgesprochen, daß die nordamerikanischen Kolonien, die Kleinen Antillen und Jamaika unsichere Orte für Piraten geworden waren.

1714 hatte Henry Jennings, wie viele ein Pirat aus Wales, im Inselarchipel der Bahamas einen Naturhafen ‹entdeckt›, der für piratische Zwecke wie geschaffen war – New Providence (das heutige Nassau). Er war von hohen Klippen umgeben, von denen man eine hervorragende Sicht auf die umliegenden Gewässser hatte. Andererseits waren die seichten und mit Untiefen übersäten Inselgewässer für schwere Kriegsschiffe kaum passierbar. Es gab ausreichend Frischwasser, und Wildschweine und Meeresfrüchte aller Art stellten eine schier unerschöpfliche Nahrungsquelle dar. Die englischen Kolonisten auf den Bahamas waren nach Ausbruch des Krieges fast vollständig nach Carolina geflohen, weil es wiederholt zu französisch-spanischen Angriffen auf die Inseln gekommen war.

Das Inselarchipel war in jeder Hinsicht ein idealer Piratenstützpunkt – nicht nur wegen der topographischen Vorteile. Von hier aus waren auch die vielbefahrenen Schiffahrtsrouten zwischen Karibik und Europa beziehungsweise Nordamerika schnell erreichbar. So nimmt es nicht wunder, daß sich die Piraten binnen kurzem explosionsartig vermehrten. Der Gouverneur von Virginia, Alexander Spotswood, warnte bereits im Juli 1716 in einem Schreiben an die Regierung in London vor diesem sich ständig vergrößernden Piratenschlupfwinkel. Im Hafen von New Providence sollen mitunter über 40 Piratenschiffe gleichzeitig gelegen haben, überwiegend Schaluppen und Brigantinen. ‹Berühmte› Piratenkapitäne wie Samuel Bellamy, Charles Vane, Stede Bonnet und vor allem Edward Teach schrieben sich in New Providence in die Annalen der Seeraubgeschichte ein.

Aber nicht nur diese piratischen Größen, auch kleine, unbekannt gebliebene Piratenkapitäne fanden hier mit ihren Schaluppen ein erträgliches Auskommen. Sie brauchten ihrer Beute nur zwischen den Untiefen, Buchten und Riffen aufzulauern und mit entschlossenem Zugriff die schwerfälligen Handelsschiffe, die nach sicherer Passage suchten, zu entern. Wahlweise konnten die Bahama-Piraten von ihren Schlupfwinkeln zu seeräuberischen Stippvisiten zur Küste Nordamerikas oder zu den Antilleninseln segeln. Hier wie dort fanden sie zudem auch immer wieder dankbare Abnehmer für piratisches Beutegut. Es war ein einträgliches Geschäft. Denn mit dem Ende des Erbfolgekrieges war es zu einem raschen Wiederaufblühen der Seeschiffahrt gekommen. Spanien hatte das Monopol auf den Sklavenhandel in seinen eigenen Kolonien verloren und begann erneut mit dem regelmäßigen Verkehr seiner Schatzflotten nach Europa. Der Friedensvertrag von 1713 anerkannte zudem erstmals die kolonialen Besitzstände der Frieden schließenden

Mächte, wodurch dem Freibeuterwesen der quasi-legale Boden entzogen wurde. Derjenige europäische Staat, der jetzt noch aus machtpolitischen Erwägungen den Seeraub gegen die anderen Kolonialmächte unterstützen oder gar fördern würde, stünde außerhalb der Rechtsgemeinschaft.

Daß New Providence als Ort der Gesetzlosigkeit und der Gesetzlosen bestehen konnte, lag letztlich nicht nur an der schieren Größe dieses Piratennestes, an das sich nur eine starke Flotte unter umsichtiger Führung hätte heranmachen können. Es lag zunächst auch am fehlenden politischen Willen in London, sich dieses Problems anzunehmen. England betonte seine Ansprüche auf die Inselgruppe und wies Hilfsangebote anderer Mächte zurück, denn die Regierungen anderer europäischer Seefahrtsnationen hatten das Anwachsen der Bahama-Piraterie bereits sorgenvoll zum Ausdruck gebracht. Schließlich tummelten sich so viele Piraten in den Bahama-Gewässern, daß es unter ihnen mitunter zu blutigem Streit um die besseren Jagdreviere kam. Zwar hatten sich Regierungskreise in London, angestoßen durch Zeitungs- und Zeitschriftenpublikationen über die Piraterie im Schatten des Krieges und aufgeschreckt durch offizielle Berichte aus den Kolonien, bereits während des Krieges Gedanken darüber gemacht, wie man der aus dem Ruder zu laufen drohenden seeräuberischen Hilfstruppe Herr werden könnte. Es wurde sogar befürchtet, daß sich die eigenen Seeräuber spätestens nach dem Ende der Feindseligkeiten mit denen der gegenwärtigen Feindstaaten zusammentun würden und in Madagaskar oder andernorts ein Seeräuberreich gründen könnten, ähnlich dem der sogenannten Barbaresken in Nordafrika. Dort, im Maghreb, waren seit dem 16. Jahrhundert vier Herrschaftsgebilde entstanden – Marokko, Algier, Tunis und Tripolis –, deren religiös motivierter Seeraub gegen die christlichen Nationen sie für rund 300 Jahre nicht nur zu Herren des Mittelmeeres machte, sondern auch die Fahrwasser zwischen den Azoren und den Küsten Portugals und Frankreichs stark gefährdete.

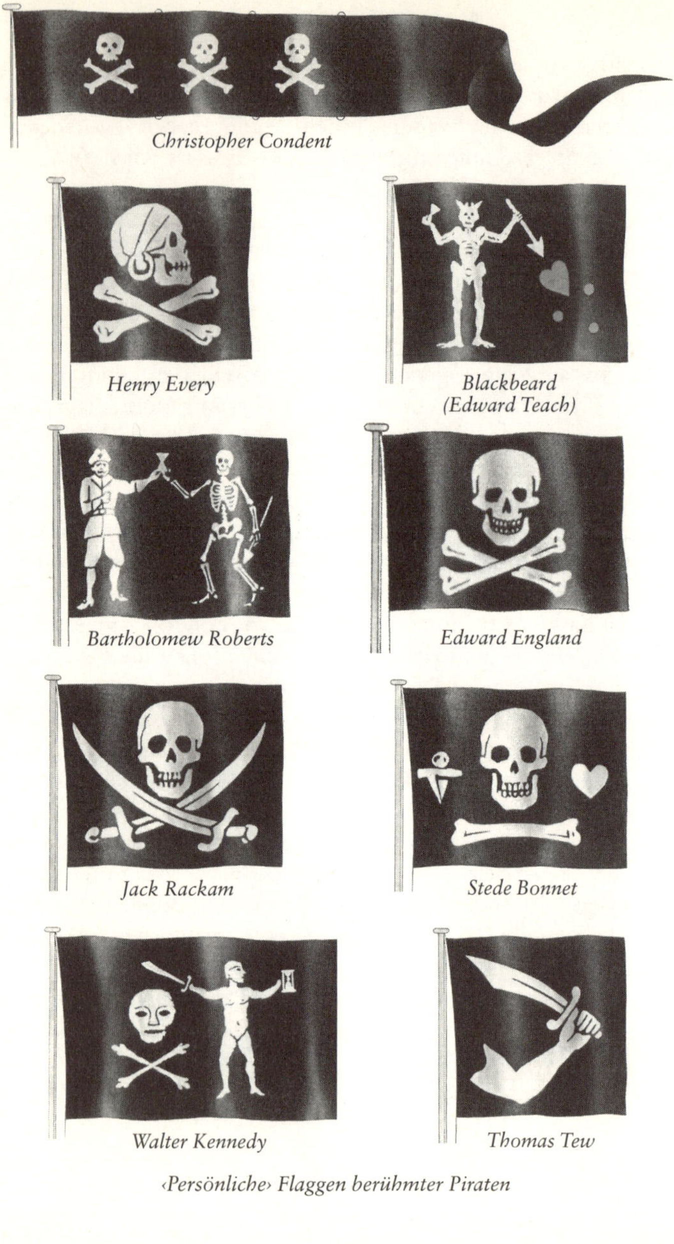

‹Persönliche› Flaggen berühmter Piraten

Um die weitere Ausbreitung des Piratenwesens zu verhindern, war in London schon 1707 in einem Pamphlet vorgeschlagen worden, demjenigen Piraten ein Generalpardon und eine Amnestie zu gewähren, der zehn Prozent seiner Beute an den Staat abführt und seinem Gewerbe abschwört. Zwei Jahre wurden diese Überlegungen in verschiedenen Regierungsgremien ventiliert. 1709 erreichte sogar eine Petition Königin Anne, die unterzeichnet war von nicht weniger als 47 Frauen und anderen weiblichen Verwandten «von Piraten und Bukanieren von Madagaskar und anderswo in Ost- und West-Indien», in der um ein königliches Pardon für alle Piratentaten ersucht wurde. Doch schließlich wurden all diese Gedanken vom Council of Trade and Plantations, dem maßgeblichen Gremium, abgelehnt. Es nützte auch nichts, daß sich der ‹Fachmann› in Piratenfragen, Daniel Defoe, in seiner Zeitschrift Review für eine solche Amnestie aussprach, da nach seiner Meinung die Piratenkolonie – er meinte die auf Madagaskar – schon zu stark geworden sei, um sie in Anbetracht der Verluste, die der Royal Navy in diesem Krieg durch französische Kaper zugefügt worden waren, militärisch effektiv bekämpfen zu können – ganz zu schweigen von den dabei zu erwartenden neuerlichen Belastungen für die Staatskasse.

Doch erst 1717 machte man sich auf Seiten der englischen Regierung angesichts der alarmierenden Berichte über die Bahama-Piraten diesen Gedanken wieder zu eigen und formulierte einen Gnadenakt, den «Act of Grace», gegenüber reumütigen Piraten. Nicht nur die Schiffahrt war bedroht: Unmittelbar vor der nordamerikanischen Küste gelegen wurden die Bahamas zu einer Art Schleichhandelsparadies, in dem die Piraten frei schalten und walten konnten. Sie setzten sogar einen eigenen Gouverneur ein, und alle von England nach dort geschickten Beamten mußten vor der Übermacht der Piraten resignieren.

In dieser Zeit kam auch der Gebrauch der Piratenflagge, des ‹Jolly Roger›, allgemein als piratisches Hoheitszeichen auf, auf der der weiße Totenkopf mit gekreuzten Knochen auf schwarzem Grund abgebildet ist. Die Freibeuter früherer Tage segelten in der Regel unter der Flagge ihres Heimatlandes und die Bukaniere zeigten – wenn überhaupt – allerlei phantasievolle Flaggen, die meistens einen roten Grundton besaßen – daher der Name: ‹jolie rouge›. Aus dem Rot wurde allmählich Schwarz und dazu kamen die Symbole für Vergänglichkeit und Gewalt. Der ‹Jolly Roger› hatte vielfach individuelle Ausprägungen, durch die sich ‹bedeutende› Piratenkapitäne kenntlich machten.

Im Sommer 1717 war die Situation auf den Bahamas dermaßen ausgeufert, daß der Gouverneur von Bermuda klagte, es wimmele hier nur so von diesen Spitzbuben. Der Handel sei so gut wie lahmgelegt, Schiffe könnten nur noch im Konvoi unter dem Geleitschutz der Marine einigermaßen sicher fahren. Der Gouverneur von Jamaika berichtete sogar: «Es gibt kaum ein Schiff, das diese Insel anläuft oder verläßt, das nicht geplündert wird.» Er gab dafür auch einen Grund an: «Dies führe ich in hohem Maße auf die Nachlässigkeit der Kommandanten der Kriegsschiffe Seiner Majestät zurück.»

Die englische Kriegsflotte schien dem Treiben in der Tat fast machtlos zuzusehen. Zum einen lag das daran, daß viele Schiffe der Royal Navy in Folge von Krankheit, Tod und Desertion chronisch so unterbemannt waren, daß sie häufig mehrere Monate des Jahres im Hafen lagen. Aber es gab noch einen weiteren Grund: Mitunter hatten die Kommandaten von Marineeinheiten der Royal Navy gar kein Interesse an der Aushebung von Piratennestern oder der Verfolgung von Seeräuberschiffen. Deren Existenz konnte ihnen nämlich schöne Gelder einbringen, denn die Handelsschiffe waren zunehmend auf Konvoischutz angewiesen, der teuer bezahlt werden mußte. Kommandaten der Royal Navy durften zwölf Prozent des berechneten Warenwertes einfordern. Wenn sich ein Kaufmann über die dadurch in die Höhe schnellenden Frachtkosten beklagte, konnte es geschehen, daß ihm Kommandanten ein vertrauliches Geschäft vorschlugen: Sie würden die Waren auf dem Marineschiff befördern und weniger verlangen als die Frachtschiffe. Das war natürlich gesetzwidrig, doch für die Beteiligten lukrativ. So spielten sich Kommandaten und Piratenkapitäne mehr oder weniger wissentlich in die Hand. Die Piraten griffen die von der Royal Navy begleiteten Schiffe nicht an, und im Gegenzug blieben die

Piratenschiffe unbehelligt. Auch die Schiffsversicherer kassierten in dieser Lage kräftig ab. Die Versicherungsraten schossen in astronomische Höhen.

Dieses Spiel wurde auf den Bahamas erst beendet, als eine Gruppe einflußreicher Londoner Kaufleute und Reeder, die von der Piraterie besonders betroffen waren, die Inselgruppe von der Krone pachtete und dort Mitte 1718 den ehemaligen Freibeuter Woodes Rogers als Gouverneur einsetzen ließ. Dieser sollte nicht nur gegen die Piraten vorgehen, sondern auch ein von ihm selbst erdachtes Besiedlungsprogramm für die Inselgruppe durchführen, in dem reumütige Piraten eine zentrale Rolle spielten. Rogers hatte noch nicht lange zuvor während des Erbfolgekrieges selbst als Freibeuter die Meere unsicher gemacht. Ähnlich Drake hatte er sogar die Erde umsegelt und dabei reichlich Beute gemacht. Zwischen 1708 und 1711 raubte er von spanischen Schiffen und in Hafenstädten an der Pazifikküste Schätze im Wert von rund 800000 Pfund. Seine größte Beute machte er beim Überfall auf ein mit ostasiatischen Schätzen von den Philippinen nach Acapulco segelndes Schiff der sogenannten Manila-Flotte.

Rogers war in Nachfolge von Francis Drake und Henry Morgan zu seiner Zeit der berühmteste englische Seeheld. Im Kampf gegen die Piraten von New Providence erhielt er von London die Blankovollmacht, die Piraterie «auf jede beliebige Weise» auszurotten, wozu ihm eine kleine Kriegsschiffflottille beigegeben wurde. Innerhalb eines Jahres vermochte es Rogers tatsächlich, mit dem Seeräubernest auf den Bahamas weitgehend aufzuräumen. Er ging bei seinem Auftrag wie weiland im antiken Rom Pompeius vor. Der hatte nach seinem großangelegten erfolgreichen Seezug die gefangenen Piraten vor die Wahl gestellt, entweder ihr verbrecherisches Gewerbe aufzugeben und dafür ein Pardon Roms zu bekommen oder aber das weitere gnadenlose Vorgehen in Kauf zu nehmen.

Rogers wußte, mit wem er es zu tun hatte, denn aus seiner Freibeuterzeit kannte er viele der Anführer persönlich. Er konfrontierte sie anfangs nicht mit Gewalt, wie die Spanier dies taten, sondern eröffnete ihnen den Ausweg aus der Piraterie, indem er ihnen ein Generalpardon der englischen Krone anbot, wenn sie sich unmittelbar und bedingungslos von der Piraterie lossagten. Wer diesen Pardon annahm, sollte sich außerdem verpflichten, sich als Siedler auf einem zugewiesenen Stück Land niederzulassen. Das Ultimatum war auf den 5. September 1718 ausgestellt. Es führte zu einer Spaltung unter den Piraten. Ein großer Teil von ihnen, namentlich auch einige der ‹Großen›, gingen – wie Henry Jennings und Ben Hornigold – darauf ein, während andere in der Fortsetzung der Piraterie eine lohnendere Zukunft sahen, selbst wenn Rogers ihnen im Falle der Ablehnung des Gnadenangebots mit erbarmungsloser Vernichtung drohte. Erbitterten Widerstand leistete von Anfang an Charles Vane, mit dem sich Rogers gleich bei seiner Ankunft ein regelrechtes Gefecht lieferte. Die ‹Großen›, wie Vane, wichen danach entweder an die nordamerikanische Küste aus, oder sie verlagerten ihre Raubtätigkeit an die westafrikanische Küste und in den Indischen Ozean.

Einige Piratenkapitäne wurden, wenn sie sich von der Piraterie losgesagt hatten, sogar in Rogers' Dienste aufgenommen und mit einem Kaperbrief versehen beauftragt, nunmehr selbst auf Piratenjagd zu gehen. Zu diesen piratischen Piratenjägern gehörte auch Ben Hornigold, der noch kurz vor Rogers' Ankunft mit großem Erfolg vor der westafrikanischen Küste geräubert hatte. Bei Hornigold hatte kein geringerer als einer der seinerzeit berüchtigsten Piratenkapitäne seine Karriere begonnen: Edward Teach, der wegen seines riesigen, Furcht einflößenden Bartes als Blackbeard in die Annalen der Piraterie einging. Er gehörte zu den ehemaligen englischen Kaperfahrern, die nach 1713 auf Hornigolds Piratenschiff landeten. Nach einiger Zeit machte Teach sich selbständig und befehligte ein eigenes Schiff. 1718 kaperte er ein französisches Sklavenschiff, das er für seine piratischen Zwecke umrüstete und auf dem er eine Mannschaft von nicht weniger als 300 Leuten versammelte. Mit dieser Schar beraubte er zwischen Virginia und Honduras alles, was ihm vor den Bug lief. Er war ein Meister der Abschreckung. Nicht nur durch seine Erscheinung und sein Auftreten, auch seine persönliche Piratenflagge – schwarzer Grund, darauf ein Skelett, das in der einen Hand ein Stundenglas und in der anderen einen Speer mit blutendem Herzen hält – jagte gehörigen Schreck ein. Mancher Handelsfahrer, der diese Flagge erkannte, strich frühzeitig die Segel in der Hoffnung, dadurch wenigstens mit dem Leben davonzukommen. Kurzum: Blackbeard war in jeder Hinsicht der ‹Erzpirat›, wie er im Buche steht.

Diesen Blackbeard und andere uneinsichtige Bahama-Piraten sollte Hornigold nun zur Strecke bringen. Doch Blackbeard war inzwischen in andere Fahrwasser ausgewichen, nämlich an die nordamerikanischen Küste. Zu Blackbeard hatte sich ein weiterer Erzpirat gesellt: Stede Bonnet. Von Herkunft, Gebaren und nicht zuletzt seinem Weg in die Seeräuberei war dieser das genaue Gegenteil Blackbeards, dessen Herkunft im dunkeln liegt. Als Sohn eines englischen Plantagenbesitzers 1688 auf Barbados geboren, gehörte Bonnet als Gentleman zur gesellschaftlichen Oberschicht der Insel, in der er es bis zum Friedensrichter und Major der Inselarmee brachte. Bis 1717 führte er ein nach den damaligen Normen geradezu mustergültiges Leben. Doch urplötzlich brach er aus seinen familiären und sozialen Bindungen aus, kaufte eine Schaluppe mit zehn Kanonen und heuerte in einem der vielen karibischen Piratennestern eine Besatzung von 70 Piraten an. Über diese Lebenswende ist viel spekuliert worden. Captain Johnson erklärte sie vielleicht am treffendsten mit «Disorder in his Mind», die schon vor seinem verrückten Unternehmen sichtbar gewesen sein soll. Der Major brachte für das Piratenleben, zumal als Kapitän, so wenig Kenntnisse mit wie kaum ein anderer vor ihm. Von der Seefahrt verstand er rein gar nichts. Dennoch war er im ersten Jahr seiner Piratenlaufbahn vor der nordamerikanischen Küste ungemein ‹erfolgreich›. Das Schicksal führte ihn schließlich mit Blackbeard zusammen. Gemeinsam durchstreiften sie mehrere Monate mit ihrer Piratenflotte, die inzwischen aus mehreren Schiffen und rund 400 Mann bestand, raubend und mordend die Gewässer der nordamerikanischen Atlantikküste.

Während sich die meisten englischen Kolonien inzwischen für eine Verfolgung der Piraten ausgesprochen hatten, konnten diese weiterhin auf die Protektion durch den Gouverneur von North Carolina, Charles Eden, zählen. In bestimmten Hafenplätzen dieser Kolonie durften Blackbeard und die anderen unbehindert ihre geraubten Waren absetzen. Doch diesem Treiben bereitete im Herbst 1718 Alexander Spotswood ein Ende: Seine Kolonie Virginia war von der Piraterie besonders betroffen, und so schickte er schließlich ein spezielles Marinegeschwader aus, das gezielt nach Blackbeard fahnden und dabei auch keine Rücksichtnahme auf die Grenzen des Nachbarstaates nehmen sollte. Dort, am Ocracoke Inlet, ereilte Blackbeard im November in einem wilden Seegefecht in Gestalt mehrerer Kugeln sein Piratenschicksal. Fast zur gleichen Zeit wurde Bonnet von zwei Schaluppen, die vom Gouverneur von South Carolina ausgesandt worden waren, bei Cape Fear überrumpelt und gefangengenommen. In Charleston wurde ihm und seinen 30 Kumpanen wenige Tage später der Prozeß gemacht, an dessen Ende der Strick des Henkers auf sie wartete.

Der Tod dieser beiden Piratenkapitäne markierte gewissermaßen das Ende des «goldenen Zeitalters» der Piraterie. Die rigorose Gefangennahme vieler Seeräuber und die sehr zahlreichen Hinrichtungen ab Herbst 1718 überall im englischen Machtbereich machten deutlich, daß die Obrigkeit gewillt war, diese Plage loszuwerden. Von jetzt an wurde konsequent das bereits 1700 von London erlassene «Gesetz zur wirksameren Unterdrückung der Piraterie» zur Anwendung gebracht, das die Aburteilung von Piraten in den Kolonien erlaubte und nicht mehr den Prozeß in London verlangte. Am schwierigsten hatte es noch Rogers mit seinen Bahama-Piraten, die durch die Nachrichten von den ‹Erfolgen› Blackbeards, Vanes und anderer wieder zahlreich zu ihrem alten Gewerbe strebten. Aber nachdem er im Dezember 1718 in New Providence an acht rückfällig gewordenen Piraten ein drakonisches Exempel statuieren ließ, bei dem sogar die beiden begnadigten Piraten Thomas Burgess und Peter Courant als Richter teilnehmen mußten, ging auch hier die Piraterie deutlich zurück.

VI. Profiteure, Handlanger und Maritime Outlaws

Nicht allein durch Kriege und Machtpolitik der europäischen Staaten ist die Piraterie gefördert worden. Zur ihrer Geschichte gehört ebenso die enge Verbindung zum Handel – nicht nur, weil dieser stets Objekt piratischer Akte war, sondern auch deshalb, weil Handelsgesellschaften und einzelne Kaufleute immer wieder Piraten in ihre merkantilen Interessen einspannten. Das ist es, was Goethe im 2. Teil des ‹Faust› meint: «Krieg, Handel und Piraterie, / Dreieinig sind sie, nicht zu trennen!»

Dienlich wurden Piraten den Kaufleuten besonders dann, wenn diese mit ihrer Hilfe eine restriktive staatliche Handelspolitik unterlaufen konnten. Ein Handelshemmnis besonderer Art stellte für die Kaufleute in den englischen Kolonien der 1651 erlassene Navigation Act dar, demzufolge der Handel zwischen den Kolonien und dem Mutterland für bestimmte Waren nur auf englischen Schiffen zu erfolgen hatte. Weitere Zollbestimmungen und fiskalische Regularien Londons machten den Kaufleuten – vor allem in Nordamerika – immer mehr zu schaffen. Durch den Zwang, Rohstoffe billig ins Mutterland zu liefern und von dort Fertigprodukte teuer zu beziehen, konnte es zwangsläufig nicht ausbleiben, daß der Warenaustausch in nicht geringem Umfang auf andere als legale Wege gelenkt wurde. Hierbei erwiesen sich die spätestens seit den 1670er Jahren bestehenden Beziehungen nordamerikanischer Kaufleute zu Sklavenhändlern in Madagaskar von Vorteil. Weil das Monopol der Royal African Company für den Sklavenhandel nur für die afrikanische Atlantikküste galt und die East India Company am Sklavenhandel nicht interessiert war, konnte sich ein äußerst lukrativer Schleichhandel zwischen arabischen Sklavenhändlern an der Westküste Madagaskars und den Neuenglandkolonien entwickeln. Denn für Sklaven mußte man in Madagaskar nur einen Bruchteil des Preises bezahlen, der an der afrikanischen Guineaküste aufgebracht werden mußte.

Durch den Schleichhandel mit Sklaven kam es zu Kontakten mit den euro-amerikanischen Piraten im Indischen Ozean und deren Stützpunkt auf Madagaskar. Die Folge war, daß der Schleichhandel auf piratisches Gut ausgeweitet wurde und schließlich sogar piratische Expeditionen in den Indischen Ozean von einzelnen Kolonialregierungen wenn nicht gar finanziert, dann zumindest gebilligt und gedeckt wurden. Händler gewährten mittellosen Seeleuten, die auf einem Piratenschiff ‹anheuern› wollten, sogar Kredit für den Erwerb der ‹Grundausrüstung›. Im Gegenzug verpflichteten sich diese, bis zu einem Viertel des Beuteanteils an den Kreditor abzutreten.

Wenngleich nicht jeder koloniale Großhändler unmittelbar in die Ausrüstung eines Piratenschiffes oder einer piratischen Unternehmung investierte, so war doch allen die Zufuhr der geraubten Güter nicht unwillkommen. Denn es handelte sich meist um solche Waren, die sonst nur schwer erhältlich waren oder hohen Zöllen unterlagen. Außerdem konnten sie zu günstigen Preisen erworben werden. Die Piraten wiederum waren dankbare Abnehmer kolonialer Güter, in erster Linie Alkohol. Bei dessen Verkauf in Madagaskar ließ sich oftmalig ein Gewinn von über tausend Prozent erzielen. Auf diesen Wegen flossen nicht unerhebliche Mengen an Gold- und Silbermünzen in die Kolonien und halfen, dort das notorische Zahlungsbilanzdefizit zu lindern. Vor allem New York tat sich am Ende des 17. Jahrhunderts bei den merkantilen Beziehungen zu den Piraten hervor. Es ging teilweise sogar soweit, daß dortige Händler nicht nur Schiffe und Ausrüstung der Piraten finanzierten, sondern sogar selbst auf Raubfahrt gingen. Der Gouverneur der Kolonie, der bereits erwähnte Benjamin Fletcher, galt den Kaufleuten der Stadt nicht nur als korrupt, sondern war diesen illegalen Geschäften gegenüber mehr als wohlwollend eingestellt. Bis zu 700 Pfund soll er pro Piratenschiff verlangt haben, damit dieses ungehindert seine Beute am Hudson entladen konnte. Piraten, die von einer ‹erfolgreichen› Fahrt zurückkehrten, waren nicht nur in New York gerngesehene Besucher. Auch die Besatzungen der Piratenschiffe waren für die Hafenwirtschaft ein nicht geringer Faktor – insbesondere für die Betreiber der einschlägigen Spelunken und sonstigen zweifelhaften Gewerbe.

Der Profit aus dem Handel mit Piraten oder aus den Investitionen in Piratenunternehmungen erlaubte den Investoren zudem, das vermehrte Kapital in die Finanzierung ‹legaler› Unternehmungen zu stecken, und der Reichtum ermöglichte nicht zuletzt den Zugang zu anderem, nämlich gesellschaftlichem Kapital: zu Adelstiteln und Ämtern. Pirat, notierte Walter Raleigh einmal, sei ein Etikett, das man kleinen Dieben anhänge, aber nicht großen. Und schon gar nicht solchen, die sich in einer sozialen oder politischen Stellung befanden, aus der heraus sie alles Tun und Handeln mit den Interessen des Staates in Einklang bringen konnten. Solchermaßen konnten sich die Profiteure und Handlanger des Piratenwesens – anders als die mit ihnen in Verbindung stehenden Piraten selbst – in der Regel staatlichen Sanktionen entziehen. Solange dieser Mechanismus relativ störungsfrei funktionierte, konnte das Piratenwesen, insbesondere das von den nordamerikanischen Kolonien und Westindien ausgehende, seit der zweiten Hälfte des 17. Jahrhunderts nicht gekannte Ausmaße annehmen. Selbst das Risiko, daß durch die Piraten immer wieder auch ein Schiff dieser nordamerikanischen Händler gekapert wurde, war angesichts der Gewinnspannen vernachlässigbar. Im übrigen konnten die Händler, wenn die Piraten zu übermütig wurden, mit der Unterbindung der Handelsbeziehung drohen. Vor diesem Hintergrund wird Alexander Spotswoods Klage verständlich: «In diesem Land besteht eine unerklärliche Neigung, Piraten zu begünstigen».

In einer Denkschrift, die der Generalsteuerinspektor von Neu-England, Edward Randolph, 1696 nach London schickte, kommt deutlich zum Ausdruck, wie weit verbreitet die ‹Geschäftsbeziehung› zwischen den amerikanischen Kolonien und den Piraten in den neunziger Jahren des 17. Jahrhunderts war. Von wenigen Ausnahmen abgesehen, steckten demnach fast alle englischen Gouverneure in der Neuen Welt mit den Piraten unter einer Decke. Unter dieser Decke steckten auch die Kaufleute der Kolonien, die ins große Geschäft wollten, sich aber durch die englische Navigationsakte gegenüber ihren Kollegen im Mutterland im Hintertreffen sahen. Gelegentlich ließen sich ‹erfolgreiche› Piraten in einer Hafenstadt als Händler nieder und trieben von hier aus mit noch aktiven Kumpanen Geschäfte.

Immer wenn sich irgendwo an der kolonialen Peripherie ein Hafen oder Handelsposten zu einem veritablen Piratennest entwickelt hatte, dauerte es nicht lange, bis sich dort auch Händler niederließen – sei es als Selbständige oder als Agenten von Handelshäusern. Letzteres sei am Beispiel des Adam Baldridge und Madagaskar stellvertretend für diesen Mechanismus etwas näher beleuchtet: Baldridge, ein ehemaliger Bukanier, jetzt aber Agent des New Yorker Großhändlers Frederick Philips, tauchte Anfang 1691 in Sainte Marie auf, wo er sich bald in Stammesauseinandersetzungen unter den Einheimischen einmischte und regelrechte Kriegszüge angeführt zu haben scheint. Schon nach kurzer Zeit verfügte er über eine ansehnliche Anzahl Sklaven, die unter seiner Anleitung eine Handelsstation errichteten, die zu einem Umschlagplatz sowohl für den Sklavenhandel der Stammeshäuptlinge als auch für das Raubgut der Piraten im Indischen Ozean wurde. Philips hatte schon seit längerem Schiffe nach Madagaskar geschickt, doch mit Baldridge hatte er nun den richtigen Mann zur Verfügung, der für ihn direkt vor Ort mit dessen ehemaligen Spießgesellen die Geschäfte abwickeln konnte. Als Schiffsführer für seine zwischen New York und Sainte Marie fahrenden Schiffe engagierte Philips gleichfalls ehemalige Piratenkapitäne, die sich aus der Karibik nach New York zurückgezogen hatten.

Philips schickte seine Schiffe mit Alkoholika, Waffen und Munition, Schiffsausrüstungen sowie – gern nachgefragt – Kleidung nach Madagaskar, wo Baldridge den Verkauf und die Zusammenstellung der Rückfracht organisierte. An erster Stelle standen stets Sklaven, doch piratisches Beutegut machte auch jedesmal einen Teil der Ladung aus.

Das Wirken Baldridges in Sainte Marie sprach sich unter den euro-amerikanischen Piraten herum, und immer mehr von ihnen nutzten den Ort, um dort entweder ihre Beute loszuschlagen oder sich mit Notwendigem zu versorgen. Meist beides, und hinzu kam noch, daß sich um die Handelsstation herum Spelunken und andere Etablissements ansiedelten, die dem Piraten die auf See vermißten Dinge boten. Baldridge soll auch denjenigen Piraten entgegengekommen sein, deren Raubzüge weniger erfolgreich verliefen, und ihnen Kredit gewährt haben in der Hoffnung, daß deren nächster Raubzug erfolgreicher und für Baldridge umso profitabler würde. Ein weiteres Geschäft machte Baldridge damit, daß er auf den Schiffen Philips' piratischen ‹Aussteigern› Passagen nach New York oder einen anderen Hafen an der nordamerikanischen Küste verkaufte.

Es war ein ausgeklügeltes Handelssystem, das Philips von New York aus entwickelte mit dem Anfangs- bzw. Endpunkt Sainte Marie. Die dort ‹eingehandelten› Sklaven konnten mit hohen Profitraten auf den Tabakplantagen Nordamerikas verkauft werden. Von den Piraten erworbenes Edelmetall und Münzen dienten dem Handel Philips' mit Europa und der Bezahlung der von dort bezogenen Waren, wobei allerdings auf die mißtrauischen englischen Zollbehörden geachtet werden mußte, die auf die Herkunft indischer Güter ein wachsames Auge warfen. So wurden diese Dinge gar nicht erst bis nach New York gebracht, sondern vor der Küste Delawares auf ein nach Europa gehendes Schiff Philips' umgeladen, das jedoch nicht für einen englischen Hafen bestimmt war, sondern in der Regel nach Hamburg segelte, wo die Ladung von dortigen Geschäftspartnern dem Konto des Philips'schen Handelshaus gutgeschrieben wurden. Das war ein Wirtschaftskreislauf, der über Jahre funktionierte und den auch andere Händler adaptierten, wenngleich Philips und Baldridge das bestüberlieferte Beispiel abgeben.

Bis 1697 diente Baldridge als Handelsagent in Sainte Marie. In jenem Jahr wurde seine Handelsstation wahrscheinlich von Eingeborenen zerstört, als er längere Zeit an anderen Küsten Madagaskars unterwegs war. Baldridge scheint das als Fingerzeig des Schicksals aufgefaßt zu haben, denn er zog sich nach New York zurück und führte dort ein ruhigeres Leben. Seine

Rolle in Sainte Marie übernahm ein gewisser Edward Welsh, und der Handel mit den Piraten ging weiter wie bisher. Denn auch Piraten waren an der Kontinuität bewährter und sicherer Tauschorte interessiert wie Sainte Marie, Port Royale oder New Providence. Solche Orte waren auch wichtige Nachrichtenbörsen, wo Piraten sich über merkantile und politische Entwicklungen und drohende Gefahren informieren konnten.

Die Verlagerung des Schwerpunkts des Seeräuberwesens 1718 in die Guineabucht und wieder in den Indischen Ozean stand in direktem Zusammenhang mit Woodes Rogers' Erfolg bei der Ausrottung des Piratennestes von New Providence und dem wachsenden Widerstand gegen Piraten in den nordamerikanischen und westindischen Kolonien. Damit verloren die Seeräuber in Amerika nicht nur ihre wichtigen Handlanger und Unterstützer, sondern auch eine Operationsbasis nach der anderen. Hinzu kamen häufigere Patrouillen der Royal Navy, die das Risiko der Gefangennahme erhöhten. Die Seekriegsführung war nach dem Frieden von Utrecht 1713 zunehmend ein Geschäft der regulären Flotten geworden und die Piraten konnten deshalb nicht einmal mehr darauf hoffen und warten, wieder als Freibeuter gebraucht zu werden. Kaperbriefe waren nicht mehr zu bekommen. Kurzum: Piraterie war seit dem zweiten Jahrzehnt des 18. Jahrhunderts zu einem immer risikoreicheren Gewerbe geworden. Mit der Ausnahme von Madagaskar und kleinerer Inseln hier und da gab es keine sichere Rückzugsbasis mehr.

Zwangsläufig änderte sich aufgrund dieser Umstände das Erscheinungsbild der Piraterie. Nun waren die letzten Verbindungen zu einer europäischen Kolonialmacht abgebrochen, die Piraten konnten und mußten sämtliche Rücksichtnahmen bei der Auswahl ihrer Opfer fallen lassen. Alle erreichbaren Schiffe wurden nun potentielle Opfer. Nicht selten wurden sie dies aus purer Not und weniger aus reiner Beutegier, wenn die Piraten dringend ihre Vorräte an Proviant und anderen Notwendigkeiten auffüllen mußten.

Diese nicht seltene Erfahrung mußte auch Bartholomew Roberts machen. Mit seinen bis an die Bordkanten mit Beutegut gefüllten drei Schiffen irrte er 1721 wochenlang auf dem mittleren Atlantik umher auf der Suche nach einem Ort, wo er Proviant fassen und zugleich seine Beute in bare Münze umtauschen konnte, denn nur so konnten er und seine Männer den tatsächlichen Ertrag ihrer Plünderungsfahrt feststellen und nutzen. Die Lebensmittel und das Trinkwasser gingen ihm währenddessen zur Neige, einige seiner Männer starben bereits an Ruhr und Wechselfieber. Vor Barbados hatte ihm der Gouverneur wider Erwarten ein Kriegsschiff entgegengeschickt, um Roberts am Einlaufen in den Hafen zu hindern. Die Piraten wichen dem Kampf aus und suchten das Weite – diesmal Richtung Neufundland. Vor dieser Küste waren erfahrungsgemäß immer Fischerboote anzutreffen, die man bequem kapern konnte, um Proviant und auch die Mannschaft aufzufrischen. Es fanden sich auf den Booten stets Besatzungsmitglieder, die der elenden, entbehrungsreichen Lebensbedingungen und miserablen Entlohnung in der Fischerei überdrüssig waren und von der Aussicht auf ein reiches Leben in warmen Gewässern angelockt wurden. Von den Neufundlandgewässern konnte man wiederum schnell mit den westlichen Winden und dem Golfstrom zu den Azoren kommen und von dort weiter zur afrikanischen Küste.

So gelangte schließlich auch Roberts – nachdem er einige Dutzend Fischerboote aufgebracht hatte – zu einer Kolonie freier englischer Händler in Sierra Leone, wo sich seine Crew erholen, neu ausrüsten und ihre Schiffe ausbessern konnte. Vor allem aber konnte Roberts hier endlich seine bisher gemachte Beute losschlagen. Dieser illegale Händlerposten hatte sich wie rund drei Dutzend weitere an der westafrikanischen Küste etablieren können, obwohl die Royal African Company das königliche Monopol auf den gesamten englischen Handel an der Guineaküste besaß. Ähnlich wie die Händler in Madagaskar oder ehedem die in den nordamerikanischen Häfen pflegten diese Handelsposten gute Kontakte zu den Piraten, nicht selten waren ihre Leiter selbst ehemalige Seeräuber. Der erfolgreichste dieser Illegalen war der ehemalige Bukanier John Leadstone, der seinen Handelsposten zu einer wahren Festung ausgebaut hatte. Nicht weniger bekannt war Benjamin Gun, der einen Handelsposten am Rio Pungo betrieb.

Weil aber die Royal African Company auf die Durchsetzung ihres Monopols bedacht war und die Zahl der illegalen Handelsposten nicht zu groß werden lassen wollte – ein paar wenige wurden aus praktischen Erwägungen toleriert –, hat man die englische Admiralität wiederholt dazu bringen können, Schiffe der Royal Navy in die Guineabucht zu entsenden, um die hier kreuzenden Piraten entweder festzusetzen und abzustrafen oder ganz einfach nur zu vertreiben. Oft genügte schon das Gerücht, daß sich ein Geschwader der Royal Navy in bestimmten Gewässern aufhielt, um die Piraten zum Rückzug zu bewegen.

Roberts war der ‹erfolgreichste› Piratenkapitän seiner Zeit, er soll zwischen 1719 und 1721 mehr als 400 Schiffe aufgebracht haben. Ähnlich wie bei Morgan, Every und Blackbeard lieferten seine Raubfahrten eine Menge Stoff für die Legendenbildung, die in seinem Fall vom maritimen Outlaw handelt, der rastlos die Meere durchstreift. Sein Revier war der gesamte Atlantik zwischen der Karibik und Afrika, doch seine größte Beute machte er im Golf von Guinea. Hier boomte zu jener Zeit der Handel. Alle europäischen Seefahrtsnationen hatten hier Handelsstationen. Vor allem der Sklavenhandel warf große Profite ab, denn die expandierende Wirtschaft Amerikas benötigte ständig neue Arbeitssklaven.

Roberts Anfang und Karriere als Piratenkapitän kann stellvertretend für viele andere Seeräuberviten dieses Zeitabschnitts hingestellt werden, auch wenn jene nicht so erfolgreich waren wie er. 1719 war Roberts als damals dritter Steuermann auf dem englischen Sklavenschiff Princess vor der Guineaküste bei einem Überfall des walisischen Piratenkapitäns Howell Davis in dessen Piratendienst gepreßt worden. Zu diesem Zeitpunkt hatte Roberts bereits 20 Jahre als ehrlicher Seemann auf Handelsschiffen verbracht, ohne es aber wegen seiner niederen sozialen Herkunft trotz nachgewiesener Fähigkeiten zu einem Offiziersrang gebracht zu haben. Nachdem Davis kurz nach Roberts' Übertritt in die Piraterie in Westafrika bei einem Überfall den Tod fand, wählte die Besatzung Roberts zum neuen Kapitän.

Einer der ausschlaggebenden Gründe dürften seine soliden nautischen Kenntnisse gewesen sein, die unter Piratenmannschaften ansonsten gewöhnlich Mangelware waren. Vor allem das Navigieren und Kursberechnen fiel den meisten schwer und führte oft zu Schiffbruch. Als neuer Piratenkapitän leitete Roberts seine Mannschaft gleich auf ‹Erfolgskurs›, auf dem ihm innerhalb eines Jahres mehrere Hundert größerer und kleinerer Schiffe (und unzählige Besatzungsangehörige) zum Opfer fielen. Im September 1720 bemächtigte er sich bei den Kleinen Antillen gar eines großen französischen Kriegsschiffes, auf dem sich der Gouverneur von Martinique befand, den Roberts kurzerhand am Mast aufhängen ließ. Auch der größte Teil der französischen Besatzung wurde getötet. Das Schiff taufte Roberts in Royal Fortune um und begann auf ihm einen monatelangen Raubzug kreuz und quer durch den mittleren Atlantik, der ihn schließlich mit zwei weiteren geraubten Schiffen in den Golf von Guinea führte. Dort ereilte ihn nach zahlreichen Schiffskaperungen und Überfällen auf Handelsstationen im Februar 1722 sein Schicksal. Denn in diesen Gewässern kreuzte inzwischen eine von der African Company angeforderte Flottille der Royal Navy auf der Jagd nach Piraten. Als eines dieser Kriegsschiffe, die Swallow, auf Roberts Piratenschiffe traf, entwickelte sich in einem tropischen Gewitterregen ein hartes Seegefecht, in dem Roberts gleich am Anfang durch Schrapnells am Hals tödlich verwundet wurde. Nach dreistündigem Kampf gab der Rest der Piraten trotz Überzahl auf.

Die Gefangenen wurde zum englischen Fort Cape Coast Castle gebracht, wo im April 1722 der größte Piratenprozeß stattfand, den die britische Admiralität jemals geführt hat: an dessen Ende wurde an 52 Piraten das Todesurteil vollstreckt, 37 wurden zu langjähriger Strafarbeit verurteilt, 70 afrikanische Piraten, die bei Roberts waren, wurden in die Sklaverei verkauft. 74 Gefangene wurden sogar freigesprochen. Der Rest der 268 in Gefangenschaft geratenen Seeräuber war entweder an Verwundungen oder Krankheiten während der zweimonatigen Haft gestorben.

Der Schlag gegen Roberts und die Aburteilung seiner Piratencrew war der entscheidende Durchbruch im Kampf gegen die Piraterie. Dieser Kampf wurde weiterhin auf verschiedene Weise geführt: Die Legislative und Exekutive wurden verbessert, reuigen Piraten wurde immer wieder durch Gnadenakte ein Ausstieg aus ihrem verbrecherischen Gewerbe angeboten, in besonders von der Piraterie betroffenen Gewässern wurden die Patrouillien mit Kriegsschiffen intensiviert und schließlich wurde ein System der Belohnung für die Festsetzung von Piraten eingeführt. Alle diese Maßnahmen zusammengenommen führten – zumindest in der Karibik und auf dem Atlantik – zu einem signifikanten Rückgang der Piraterie. Effektiv erwies sich vor allem die Quasi-Privatisierung der Piratenjagd, indem maritime Kopfgeldjäger unter Auflagen ermächtigt wurden, in staatlichem Auftrag Piraten zu jagen.

Mit dem dritten Piracy Act von 1721 versuchte London, auch den Hehlern und Handlangern das Wasser abzugraben. Dieses Gesetz setzte den Kauf und Weiterverkauf piratischen Raubgutes, wie überhaupt jede Unterstützung von Seeräubern, mit Piraterie gleich, was in besonders schweren Fällen mit dem Tode bestraft werden konnte. Vordem war der Ankauf von Waren aus Piratenhand nicht verboten. Dergestalt ihrer merkantilen Basis beraubt, waren die Piraten beim Absatz ihres Raubgutes in zunehmendem Maße auf illegale Händler wie Leadstone angewiesen, oder sie mußten sich in Häfen außerhalb des britischen Machtbereichs begeben. Doch auch hier, namentlich in den französischen und niederländischen Kolonien, wurde ihnen zunehmend der Kampf angesagt. Gleichwohl gab es immer wieder Handlanger und Profiteure, die es ermöglichten, daß das Piratenwesen virulent blieb. Eine Möglichkeit für Piraten und ihre Hehler, den Kontrollen in den Häfen auszuweichen, war, auf See an verabredeten Plätzen den Warenaustausch zu tätigen. Dennoch bleibt festzuhalten, daß Piraterie verglichen mit dem späten 17. Jahrhundert ein in jeder Hinsicht schwierigeres Geschäft geworden war. Dazu trug auch bei, daß sich trotz der Weite der Ozeane und der unendlichen Zahl von Inseln durch den dichter gewordenen Seehandel und die zunehmende Besiedlung der Peripherien die Kommunikation stark beschleunigt hatte. Nachrichten über Aufenthaltsorte erreichten jetzt relativ schnell die Piratenjäger. Diese für ihn verhängnisvolle Erfahrung mußte wie viele George Lowther machen, der Ende 1722 vor einer unbewohnten Insel vor der Venezolanischen Küste gerade sein Schiff kielholte, als er von einem vorbeifahrenden Handelsschiff entdeckt wurde. Dessen Kapitän informierte im nächsten Hafen die englischen Behörden, und eine ausgesandte Kriegsschaluppe setzte die Piraten kurz darauf fest.

Der Rückgang der Piraterie läßt sich anhand der einschlägigen (englischen) Akten quantifizieren: Zwischen 1716 und 1718 verunsicherten 1800 bis 2500 Seeräuber pro anno die atlantisch-karibischen Fahrwasser; zwischen 1719 und 1722 waren es 1500 bis 2000. Danach sank ihre Zahl auf unter 1000 und wurde immer geringer. Am Ende der 1720er Jahre sollen höchstens noch 200 Piraten unterwegs gewesen sein. Es waren versprengte Haufen, von den Seefahrtsnationen systematisch verfolgt, die im Grunde genommen an keinem Ort mehr sicher sein konnten, denn gegen sie führte vor allem die Royal Navy einen anhaltenden und unerbittlichen Kleinkrieg. 1718 standen dieser Seemacht 67 Linienschiffe zur Verfügung, dazu noch einmal die gleiche Zahl kleinerer Kriegsschiffe. Diese imponierende Flotte und die auf ihr dienenden 13 000 Marinesoldaten stellten eine wirkungsvolle Streitmacht zur Unterdrückung des Piratenwesens dar, die sich nicht nur gegen die anglo-amerikanischen Piraten wandte. Im Sommer 1722 wurde beispielsweise bei Hispaniola ein Piratenschiff mit spanischer Besatzung und einem italienischen Kapitän aufgebracht. 41 Mann der 58-köpfigen Crew wurden in Jamaika gehängt. Bereits 1723 konnte Gouverneur Hart von Antigua berichten, daß «der Handel in dieser Gegend von dieser Pest befreit ist». Großen Eindruck scheint auf diese Pest auch der Sieg der HMS Greyhound über die beiden Piratenschaluppen von Edward Low im Juni 1723 gemacht zu haben. Low galt nach Blackbeard als der brutalste Piratenkapitän seiner Zeit. Obwohl dieses Seegefecht nicht die Ausmaße erreichte wie dasjenige mit Roberts, war die öffentliche Wirkung doch weitaus größer, weil es unmittelbar vor der nordamerikanischen Küste vor Rhode Island stattfand und 26 Piraten in Newport vor großem Publikum gehängt wurden. Auch in anderen nordamerikanischen und westindischen Hafenstädten fanden in den folgenden Jahren zahlreiche, wohl inszenierte Hinrichtungen von Piraten statt. Insgesamt sind zwischen 1716 und 1726 von anglo-amerikanischen Gerichten rund 600 Piraten hingerichtet worden. Diese Prozesse und die antipiratischen Kampagnen der Royal Navy und anderer Kriegsflotten stießen im zeitgenössischen Europa, besonders in Großbritannien, auf große publizistische Resonanz. Dabei hat vor allem das englische Schriftgut den Grundton für das Bild vom Piratenwesen geliefert, das letztlich zu dessen mythischer Überhöhung führte.

Den Zeitgenossen bedeutete die Piraterie dagegen weiterhin eine stetige Gefahr, die sogar den Gouverneur Spotswood im Sommer 1724 davon Abstand nehmen ließ, auf einem anderen als einem gutbewaffneten Kriegsschiff nach London zu segeln. Er begründete das in einem Brief an den Board of Trade damit, daß er dafür gesorgt habe, daß so viele dieser Burschen «in der freien Luft von Virginia baumeln», und was würden, sollte er unterwegs in Piratenhand fallen, diese mit ihm wohl anstellen, wenn sie einem einfachen Handelskapitän allein schon deshalb Nase und Ohren abschneiden würden, weil dieser seine eigenen Matrosen gezüchtigt habe.

Die Zeitspanne von 1718 bis in die 1730er Jahre war die Epoche der letzten ‹berühmten› Piratenkapitäne, von denen keiner mehr eines natürlichen Todes starb. Eine Nachblüte erlebte die Seeräuberei im karibisch-atlantischen Raum im Zusammenhang des Amerikanischen Unabhängigkeitskrieges und während der Freiheitskämpfe der mittelamerikanischen Kolonien am Ende des 18. und Beginn des 19. Jahrhunderts. Sie blieb dabei jedoch regional begrenzt. Für das Piratentum klassischen Stils wurde schließlich mit dem Aufkommen des Dampfschiffes das Ende eingeläutet.

VII. Piratinnen

In der langen Geschichte der euro-amerikanischen Seeräuberei sind nur ganz wenige Fälle bekannt geworden, in denen Frauen in diese Männerrolle traten. In aller Regel war die Frau als Passagierin eines geenterten Schiffes oder bei Überfällen an Land das erste Opfer der Piraten. Ansonsten finden wir sie in Piratengesellschaft in der Regel als Dirne in deren exotischen Schlupfwinkeln. Einige wenige echte Piratinnen gab es allerdings, wobei die Biographien von Anne Bonny und Mary Read aus der Reihe von halbfiktionalen Lebensbeschreibungen herausragen, weil sie aktenmäßig gut dokumentiert sind und weil bereits kurz nach ihrem Prozeß in unzähligen Geschichten über sie berichtet wurde. Denn es war durchaus etwas Sensationelles, daß Frauen in dieser Welt brutaler Männlichkeit eine führende Rolle einnehmen konnten. Hier galt es, gewissermaßen einen doppelten Normenbruch zu beschreiben: Transvestie und Kriminalität.

Die Überschreitung der Geschlechtergrenzen war an sich in der westeuropäischen Publizistik im frühen 18. Jahrhundert kein unbekanntes Thema. Es war zudem eines, mit dem Geld verdient werden konnte. Das zeigt die Tatsache, daß fiktive Autobiographien, in denen Frauen ihr Leben unter Männern in Verkleidung schilderten, wie Pilze aus dem Boden schossen. Das Thema Transvestie erregte die Gemüter. Daß es durchaus eine Entsprechung im wirklichen Leben hatte, haben neuere Untersuchungen überdeutlich zu Tage gefördert. Die Autoren weisen nach, daß es sich dabei nicht um sensationelle Einzelfälle handelte, sondern um eine gängige Praxis, die meist dazu diente, schwierigen Lebenssituationen zu entkommen. Allein in England wurden – ohne erschöpfende Suche – mindestens 50 aktenkundige authentische Fälle weiblicher Transvestie ermittelt. Häufig dienten diese Frauen erfolgreich in der Armee oder fuhren in der Marine oder auf Handelsschiffen zur See. Sehr oft traf man sie in männlicher Verkleidung als Kleinkriminelle oder in Diebesbanden an, bei deren Untaten sie nicht weniger grausam zu Werke gingen als ihre männlichen Kumpane. Mitunter wurden diese Frauen erst ‹enttarnt›, wenn sie ihren Oberkörper auf dem Schafott entblößen mußten – auch wenn sie, wie in einem holländischen Fall aus dem Jahre 1747, schon mehrere Jahre im Zuchthaus gesessen hatten. Bezogen auf die europäische Frühmoderne kann man durchaus von einer kriminellen Subkultur sprechen, in der Frauen in Männerkleidern teilweise eine führende Rolle spielten.

In dieses Muster passen die beiden genannten berühmtesten Piratinnen, um deren Leben sich seit 300 Jahren unzählige Geschichten ranken, die stets aufs neue dem jeweiligen Zeitgeschmack angepaßt wurden. Genügend Stoff lieferten bereits die seinerzeit publizierten Gerichtsakten aus dem gegen sie geführten Prozeß. Seitdem hat man auch nicht mehr viel Neues über die beiden herausgefunden.

Mary Read, die eine nahezu lückenlose Transvestiekarriere durchlief, war die uneheliche Tochter einer Witwe, die sie von Kindesbeinen an als Junge kleidete, um weiterhin die Unterstützungszahlung von Verwandten für ihren – inzwischen verstorbenen – ehelichen Sohn zu erhalten. An die Rolle als Junge gewöhnt, fand Mary auch als Heranwachsende, daß man in der Welt des frühen 18. Jahrhunderts in dieser Kleidung besser zurechtkommt als in Frauenkleidern – vor allem wenn man den unteren sozialen Schichten angehörte. Über verschiedene Anstellungen als Page und Diener landete sie – nach einer kurzen Zwischenstation auf einem Handelsschiff – bei der Armee. Es war die Zeit des Spanischen Erbfolgekrieges, in der ständig neue Rekruten gebraucht wurden. Und so gelangte sie auf die Schlachtfelder Flanderns, wo sie sich nach einiger Zeit einem flämischen Kameraden offenbarte, mit dem sie das Zelt teilte. Beide nahmen schließlich ihren Abschied aus dem Militärdienst, heirateten und betrieben ein Wirtshaus in Breda. Nach dem Frieden von Utrecht 1713 gingen die Geschäfte aber ständig schlechter, weil immer mehr soldatische Kundschaft ausblieb. Als dann auch bald ihr Mann an einer Infektion starb, gab Mary die Spelunke auf und suchte ihr Heil wieder in der Welt der Männer. In vertrauter Verkleidung heuerte sie nach einer neuerlichen Zwischenstation in der niederländischen Armee auf einem holländischen Westindienfahrer an. Dieser lief nach wochenlanger Fahrt über den Atlantik direkt auf ein Piratenschiff, das die schwarze Flagge mit den Insignien Jack Rackhams trug. Rackham, ein Aufschneider, der einst zur Piratenmannschaft Charles Vanes gehörte und im piratischen Milieu von New Providence großspurig mit heldenhaften Taten prahlte, in Wirklichkeit aber eher zur zweiten Garnitur der zeitgenössischen Piratenkapitäne gehörte, trug wegen seiner Vorliebe, sich nach der neuesten Mode zu kleiden, auch den Beinamen Calico Jack. Verglichen mit Batholomew Roberts oder Edward Teach, die über große Kriegsschiffe und eine kleine Flottille von Begleitschiffen befehligten, war Rackhams Piratenschaluppe eine ganz andere Piratenwelt. Seine bevorzugten Opfer waren Fischerboote oder kleinere Küstenhandelsschiffe.

Er machte mit diesem holländischen Schiff einen seiner wenigen bedeutenden Fänge – in doppelter Hinsicht, wie sich später zeigen sollte. Die Besatzung des Westindienfahrers ergab sich beim Ansichtigwerden der Piratenflagge kampflos, nur Mary – als ehemaliger Soldat kampferprobt – leistete Widerstand, was den Piraten so großen Respekt einflößte, daß sie den jungen Burschen in ihre Reihen aufnahmen. Der Rest der Besatzung wurde in Beibooten ausgesetzt und niemals wieder gesichtet.

Die Ironie der Piratengeschichte wollte es, daß sich unter den Leuten Rackhams die zweite Frau befand, die als Piratin aktenkundig wurde: Anne Bonny. Ihr Weg in diese kriminelle Gesellschaft begann ebenfalls durch soziale Stigmatisierung, wenngleich von anderen gesellschaftlichen Ausgangspositionen her als bei Mary Read. Auch sie war unehelich geboren, doch ihr Vater William Cormac, ein wohlhabender Advokat aus Cork in Irland, stand zu seiner Geliebten, die bei ihm als Dienstmädchen beschäftigt war. Beide verließen mit der Neugeborenen Irland und wanderten nach Charleston in South Carolina aus. Dort begann er als Kaufmann erfolgreich ein neues Leben und häufte ein stattliches Vermögen an. Anne aber geriet schon in jungen Jahren auf die schiefe Bahn, möglicherweise gefördert durch das rauhe Milieu im Pflanzerstaat. Schließlich landete sie in den Armen eines mittellosen Abenteureres namens James Bonny, den sie heiratete und mit dem sie in das Piratennest New Providence auf den Bahamas durchbrannte. James wollte sich dort – es war die Blütezeit der Bahamapiraterie – einer Piratencrew anschließen und sein Glück machen, wobei er aber anscheinend wenig Erfolg hatte. Als dort der Piratenjäger Woodes Rogers eintraf, bemühte sich James Bonny, seine Einkünfte durch Spitzeldienste für Rogers im Piratenmilieu aufzubessern. Darüber soll Anne so erbost gewesen sein, daß sie offen ein Verhältnis mit Calico Jack begann, der sie schließlich gegen eine stattliche Summe bei James Bonny auslöste. Das war in jenem Milieu nichts Ungewöhnliches. Möglicherweise wurde auch mit etwas Gewalt nachgeholfen.

Um seine teure Geliebte ständig in seiner Nähe haben zu können, steckte Rackham sie in Männerkleider, woran Anne offensichtlich großes Gefallen gefunden hat. Auf den allermeisten Piratenschiffen war es indes streng verboten, Gespielinnen mit an Bord zu nehmen. Die Erfahrung lehrte, daß sich daraus zu viele Konflikte ergeben hatten. So war in manchen Piratenartikeln sogar explizit niedergeschrieben worden, daß «derjenige, der verkleidete Frauen mit an Bord bringt, mit dem Tod bestraft werden soll», wie beispielweise der ‹Artikel 3› bei Roberts lautete. Die Artikel einer Piratengemeinschaft galten für alle an Bord, auch für den Kapitän. Auf Rackhams Schiff scheint es eine solche Bestimmung nicht gegeben zu haben – oder Anne spielte ihre Rolle so perfekt, daß keine Gefahr der Entdeckung drohte.

Nachdem Rackham den holländischen Westindienfahrer gekapert und den tapferen Seemann Mary Read in seine piratische Crew aufgenommen hatte, fand Anne an diesem mutigen und obendrein gutaussehenden Burschen solches Gefallen, daß sie sich ihm bei passender Gelegenheit näherte und ihr wahres Geschlecht offenbarte. Zu ihrer größten Verblüffung mußte sie aber erkennen, daß es sich bei diesem Seemann ebenfalls um eine Frau handelte. Rackham wurde in das Geheimnis eingeweiht und hatte schließlich zwei Geliebte an Bord, die trotz aller Enge weiterhin ihre Identität vor den übrigen Besatzungsmitgliedern verborgen halten konnten.

Zurück in New Providence ging Rackham auf das Amnestieangebot Woodes Rogers' ein, fand aber nach kurzer Zeit wie andere ehemalige Piraten auch, daß das Geld schnell durch die Finger rann und Kredite bei den Hehlern für einen Piraten im Ruhestand schwer zu bekommen waren. Er versuchte zunächst, auf der Seite des Gesetzes aus dieser Misere herauszukommen, indem er sich Woodes Rogers als Piratenjäger zur Verfügung stellte. Mit einem gegen Piraten gerichteten Kaperbrief in der Tasche sollte ausgerechnet der ehemalige Pirat Rackham die Handelsschiffahrt in den Gewässern um die Bahamas schützen. Rackham hatte keine Schwierigkeiten, den größten Teil seiner ehemaligen Besatzung wieder auf sein Schiff zu bekommen – auch die beiden verkleideten Frauen. Doch das eintönige und erfolglose Kreuzen in der Inselwelt der Großen Antillen im Sommer 1720 ließ die Bordgemeinschaft immer gereizter und die Erinnerung an die ‹Erfolge› im alten Gewerbe immer bunter werden, so daß man sich schließlich nach alter Piratenmanier beratschlagte und beschloß, wieder auf die andere Seite des Gesetzes zu treten. Im späteren Prozeß haben Angehörige der Besatzung ausgesagt, daß Anne Bonny und Mary Read in diesem Piratenrat Wortführer gewesen sein sollen. Von nun an segelte Rackham wieder unter seiner schwarzen Flagge, große Erfolge blieben allerdings aus, lediglich einige Fischerboote wurden zunächst geplündert. Deren Besatzung ließ Rackham, wie es auch früher meist seine Art war, am Leben – entgegen dem Rat der beiden Frauen. Aussagen dieser überfallenen Fischer sollten später im Prozeß die letzten Beweise für Rackhams Schuld liefern. Genauso verfuhr er auch Anfang Oktober 1720 mit der Besatzung eines Schoners, auf dem er 50 Rollen Tabak und neun Säcke Piment raubte, wahrlich keine große Beute, aber die letzte in seinem Piratenleben. Denn kurze Zeit später wurde die William, Rackhams Schaluppe, an der Westküste Jamaikas von einem maritimen Kopfgeldjäger, der von Woodes Rogers ausgesandt worden war, aufgebracht, wobei wieder nur die beiden

Frauen piratischen Mut an den Tag gelegt haben sollen, während Rackham sich seinem Schicksal ergab und der größte Teil seiner Mannschaft wegen Trunkenheit das Geschehen sowieso nicht richtig erfaßte.

Die Piraten wurden nach Spanish Town (in der Nähe Kingstons) auf Jamaika gebracht, und dort wurden Calico Jack und seine zehn männlichen Besatzungsmitglieder am 16. November 1720 zum Tode verurteilt und tags darauf gehängt. Rackhams Leichnam wurde wie weiland derjenige William Kidds mit Teer bestrichen und in einen eisernen Käfig gesteckt, der zur Abschreckung auf Deadman's Cay, der Einfahrt zum ehemaligen Port Royal, an einem Gerüst aufgehängt wurde. Heute heißt dieser Ort Rackham's Cay. Unweit dieser Stelle wurde einige Monate später der Leichnam Charles Vanes auf die gleiche Weise zur Schau gestellt. Vane hatte das Pech, vor der Küste von Honduras mit seinem Schiff in einen Hurricane zu geraten. Er überlebte den Schiffbruch, da er auf eine einsame kleine Insel gespült wurde, auf der er mehrere Monate darben mußte. Als er schließlich von einer Schaluppe entdeckt und aufgenommen wurde, entpuppte sich deren Kapitän Holford als ehemaliger Pirat, der inzwischen als Piratenjäger unterwegs war. Dieser vermeintliche Retter führte Vane der Obrigkeit auf Jamaika zu.

Zehn Tage nach dem Prozeß gegen Rackham trat das Gericht erneut zusammen, um über die beiden weiblichen Mitglieder der Piratenmannschaft zu richten. Die Verhandlung leitete kein Geringerer als der Gouverneur der Insel, Sir Nicholas Lawes, der schon viele Piraten an den Galgen gebracht hatte – auch Rackham. Dieser Prozeß rief großes Aufsehen hervor, nicht nur in Westindien. In London berichteten die Journale später ausführlich und ‹entdeckten› immer neue Details aus dem Leben der beiden piratischen Frauen, so daß am Ende Wahrheit und Fiktion eine bunte Melange eingingen, die nicht nur das zeitgenössische Publikum verblüffte, sondern auch heutigen Historikern (und natürlich Historikerinnen) bei der wissenschaftlichen Beschäftigung mit diesem ‹Fall› noch mitunter quellenkritische Probleme bereitet. Das Bild von diesen beiden Frauen wurde für alle Zeit festgelegt durch die Zeugenaussage einer gewissen Dorothy Thomas, die sich auf einem der gekaperten Fahrzeuge befand: «... die beiden Frauen trugen Männerjacken und lange Hosen und um den Kopf gebundene Taschentücher; jede von ihnen hatte eine Machete und eine Pistole in der Hand». Derart gekleidet stürzten sie sich auf die gekaperten Schiffe.

Als Faktum bleibt festzuhalten, daß Mary Read und Anne Bonny wegen Piraterie in Spanish Town ebenfalls zum Tode verurteilt wurden. Zeugen hoben ihre im Vergleich zu den männlichen Piraten aktive Rolle bei den Kaperungen hervor. Während sich die beiden Frauen der Überlieferung nach während der gesamten Verhandlung nicht verteidigten, auch keine Entschuldigungen vorbrachten oder Reue zeigten, nutzten sie nach der Urteilsverkündung die Gelegenheit des letzten Wortes, um dem überraschten Gericht mitzuteilen, daß sie schwanger seien, was von einem herbeigerufenen Arzt bestätigt wurde. Da kein englisches Gericht ein ungeborenes Kind töten durfte, wurde die Vollstreckung des Urteils ausgesetzt.

Mehr ist den Prozeßakten nicht zu entnehmen. Das weitere Schicksal der beiden Frauen ist ungewiß. Laut Johnson (oder Defoe) starb Mary Read noch im Gefängnis infolge einer Infektion. Anne Bonny aber verschwand spurlos daraus. Vox populi spekulierte, ihr reicher Vater habe die Wächter bestochen oder sie freigekauft.

VIII. Gegenwelt oder negativer Spiegel?

Wer wurde Pirat? Wie und warum wurde man Pirat? Wie organisierte sich die piratische Gemeinschaft? War es der oft idealisierte Zusammenschluß einer sozialen Randgruppe, in dem der Gleichheitsgrundsatz galt und die gesellschaftlichen Hierarchien des ständischen Europa verachtet wurden? Oder handelte es sich nur um einen ins Negative gekehrten Spiegel dieser ständischen Welt? Was ist dran an der geheimnisvollen Subkultur der Piraten, die in den populären Medien verherrlicht wird?

Eine zuverlässige Grundlage für die Beantwortung dieser Fragen sind in erster Linie die Akten aus den vielen Gerichtsprozessen gegen Seeräubermannschaften, dazu Schriftgut aus der Handelsschiffahrt – insbesondere der großen Monopolgesellschaften – sowie Berichte von Gouverneuren und anderen Kolonialbeamten, schließlich auch Aufzeichnungen aus der Lebenswelt der Piraten. Doch letztere sind rar gesät. Denn der Pirat war selten des Schreibens kundig, und diejenigen Piratenkapitäne, die dies aufgrund ihrer Herkunft oder Ausbildung konnten, haben selten längere Schriftstücke hinterlassen. Es ist davon auszugehen, daß auf anglo-amerikanischen Piratenschiffen (entsprechende Untersuchungen anderer ‹Nationen› stehen noch aus) eine Analphabetenrate von 50 Prozent herrschte. Wahrscheinlich war sie noch höher, da mancher einfache Seemann nur seinen Namen schreiben gelernt hatte, um Heuerverträge signieren zu können.

In der populären Vorstellung besitzen piratische Gemeinschaften quasi urkommunistische Züge: sie organisierten sich demnach in demokratischer Selbstverwaltung, teilten ihre Beute nach ‹gerechten› Grundsätzen und hatten, zumindest im überlieferten Fall der Bukaniere, sogar eine Art Sozialhilfe.

Bezogen auf die Frage, ob Seeräuber dergestalt eine Art Gegenwelt schufen, treten uns zunächst wieder die Bukaniere mit ihrem Verhaltenskodex und der Regelung ihres Gemeinschaftslebens, den «Gesetzen der Küste», entgegen. Gegenüber diesen Regeln verlangten sie soviel Gehorsam, wie ihnen von den Gesetzen der verschiedenen europäischen Staaten abverlangt wurde, die sie hinter sich gelassen wähnten. Ihr Kodex deckte nahezu alle Eventualitäten des täglichen Lebens ab und wurde von der Gemeinschaft gegenüber dem einzelnen durchgesetzt – mit Gewalt oder Ausschluß. Je kontrollierter die Gewalt innerhalb der Gemeinschaft der Bukaniere unterdrückt wurde, desto ungehemmter entlud sie sich bei den Raubzügen bis hin zu entgrenzten sadistischen Exzessen. Manchmal entlud sie sich aber auch innerhalb der Gemeinschaft.

Die Piratenmannschaften des frühen 18. Jahrhunderts waren bunt gemischte Gemeinschaften, in denen die religiöse, ethnische oder nationale Herkunft keine ausschlaggebende Rolle mehr spielte. Wir finden unter ihnen Männer aus fast allen europäischen Ländern – in erster Linie natürlich Briten, Franzosen, Iberer und Niederländer. Aber auch Dänen und Schweden wurden Piraten. Auf manch einem Piratenschiff war ein Drittel der Mannschaft sogar afrikanischer Abstammung – meist waren es entlaufene Sklaven. Was diese Haufen vereinte, war nicht mehr ein nationales Zusammengehörigkeitsgefühl oder der freibeuterische Kampf für eine staatliche Sache, sondern die Herkunft aus bedrängten Lebenslagen und die Hoffnung auf bessere Tage mit genügend Geld in der Tasche. Es war eine Zweckgemeinschaft, die darauf ausgerichtet war, schnell materielle Reichtümer zu erlangen. Deshalb waren ihre ‹Artikel› in erster Linie auf dieses Ziel ausgerichtet. Darüber hinaus betrafen sie das Zusammenleben und Fortkommen auf dem Schiff. Die verschiedenen ‹Artikel› von Piratengemeinschaften glichen sich darin, daß sie dem einzelnen weitreichende Möglichkeiten der Mitbestimmung gaben, die über die von der ständischen Gesellschaft vorgegebenen Möglichkeiten weit hinausgingen und als durchaus protodemokratische Strukturen bezeichnet werden können. In vielen zeitgenössischen Dokumenten kommt denn auch das Erstaunen der Obrigkeit zum Ausdruck, daß «diese Männer genauso viel zu sagen hatten wie der Kapitän ... jeder spielte auf dem Schiff den Herren» – wie in einem Schriftstück des holländischen Gouverneurs der Kapkolonie zu lesen ist. Abgesehen von einem größeren Anteil an der Beute und der alleinigen Befehlsgewalt im Kampf hatte der Piratenkapitän den Artikeln nach keine besonderen Vorrechte. Grundsätzliche Entscheidungen wurden vom Schiffsrat gefällt.

Ihrer Funktion nach eine Gemeinschaft von Kriegern, hat die piratische Bordgemeinschaft auf die Wahrung ihrer Mitsprachemöglichkeiten stets größten Wert gelegt, selbst wenn sie sich mitunter als kontraproduktiv erwiesen. Denn in Konfliktlagen entstand nicht selten eine Instabilität, die zum Auseinanderbrechen der Bordgemeinschaft führte. Dies trat oft dann ein, wenn nach Wochen und Monaten der Erfolglosigkeit gereizte Uneinigkeit über das weitere Vorgehen herrschte. Ein gepreßter Seemann an Bord des im Indischen Ozean unter Robert Culliford segelnden Piratenschiffs Resolution charakterisierte einen solchen Zustand treffend mit den Worten: «Hell was never in greater confusion than was there aboard.» Kam ein Kapitän den Erwartungen seiner Crew nicht nach, wurde er kurzerhand abgesetzt und mußte sich wieder ins Mannschaftsgefüge einreihen, gelegentlich wurde er sogar marooned. Oft trennte sich die Crew auch in Konfliktlagen, allerdings mußte erst ein neues Schiff gekapert worden sein. Piratenkapitäne hielten selten länger als drei bis vier Jahre durch. Häufig war ihre Karriere noch kürzer. Ein weiterer Trennungsgrund konnte allerdings auch der sein, daß die Piratenbesatzung einfach zu zahlreich geworden war. Denn das ‹normale› Piratenschiff war nicht eines jener großen Handelsschiffe der Monopolgesellschaften, sondern eine Schaluppe oder Brigantine von unter 150 Tonnen.

Wer und wie wurde man Pirat? In wirtschaftlichen Krisenzeiten, mehr noch nach Seekriegen im Zuge von Demobilisierungen landeten viele Seeleute im halbkriminellen Milieu, von dem aus der Übertritt in die Piraterie kein großer Schritt mehr war. Wesentlich schwieriger zu lösen war für den Seemann später die Frage, welches der günstigste Zeitpunkt für den Ausstieg aus dem Piratenleben war. Der gewöhnliche Pirat der Zeit um 1700 entstammte den untersten sozialen Schichten, was angesichts der

Tatsache, daß beispielweise in England etwa die Hälfte der Bevölkerung unterhalb der Armutsgrenze lebte, nicht überraschen mag. Viele junge Männer fanden ihr Auskommen nur in Arbeitsmobilität, die oft in die Seefahrt führte – sei es freiwillig, durch Press Gangs oder über eine kriminelle Karriere. Deshalb hatten auch nur die wenigsten eine auf die Seefahrt bezogene Berufsausbildung – beispielsweise als Schiffszimmermann, Schmied oder Segelmacher, ganz zu schweigen von nautischer Ausbildung. Doch gerade solche Fachkräfte waren auf Piratenschiffen gefragt, weshalb nach ihnen bei Piratenüberfällen stets gefahndet wurde, um sie in die Piratencrew zu pressen. Sehr begehrt waren immer auch Wundärzte. Oft mußte auf Seeleute allerdings kein großer Zwang ausgeübt werden. Sie machten nur allzu gern mit, denn der Dienst auf Handels- wie auf Kriegsschiffen war für den gemeinen Seemann in der Regel gekennzeichnet durch Entbehrung, Not und Strafen. Und zu diesem Dienst war er nicht selten ebenfalls gepreßt oder durch falsche Versprechungen gelockt worden. Denn die Unterbesetzung war ein ständiges Problem der englischen Marine im 17. und 18. Jahrhundert. Die Mannschaft von Roberts rekrutierte sich überwiegend aus ehemaligen Seeleuten der englischen Kriegs- und Handelsflotte, die die erstbeste Gelegenheit genutzt hatten, dem für sie unerträglichen Leben auf ihren Schiffen zu entkommen. Oft ging eine neue Pirategemeinschaft aus einer Meuterei hervor, in der die Meuterer eines ihrer erfahrenen Besatzungsmitglieder zum neuen Kapitän wählten, wie beispielweise im Falle Henry Everys, Ralph Stouts oder Robert Cullifords.

Kurzum: Die Lebenswirklichkeit des einfachen Seemanns jener Zeit an Bord eines Handelsschiffes kann nicht anders als erbärmlich bezeichnet werden. Sie wird treffend durch die zeitgenössische Aussage eines englischen Arztes charakterisiert: «Kein Mann wird Seemann, der genügend Ehrgeiz hat, sich selbst ins Gefängnis zu bringen; denn auf einem Schiff ist es wie in einem Gefängnis – dazu mit der Chance zu ertrinken ... im Gefängnis aber hat man mehr Platz, besseres Essen und gewöhnlich bessere Gesellschaft». Abgesehen von der harten Arbeit bei oft extremen Witterungsbedingungen konnte die Allmacht des Kapitäns und die von ihm exerzierten Strafrituale das Schiff zur Hölle werden lassen. Nicht einmal die Heuer war am Ende sicher. Unregelmäßige Entlohnung gab es nicht selten auch für den Dienst in der Royal Navy. Verantwortlich dafür war eine der Korruption förderliche, kontrollinstanzarme Struktur der Verwaltung, die regelrecht zur Unterschlagung von Geldern einlud, was besonders im ‹Victualling Departement›, das für die Ausrüstung der Royal Navy zuständig war, notorisch war. Dies führte zudem dazu, daß häufig nur minderwertiger und verdorbener Proviant für die Mannschaften eingekauft wurde. Dementsprechend waren Darmkrankheiten und Skorbut auf See an der Tagesordnung. All das machte auch den Dienst in der Royal Navy nicht gerade verlockend, und die Folge war, daß ausreichender Mannschaftsbestand nur dadurch gehalten werden konnte, daß regelmäßig Leute zum Dienst gepreßt wurden.

Das System der Zwangsrekrutierung wurde in England durch eine Serie von Gesetzen seit den 1640er Jahren in Gang gesetzt. Es erreichte seinen Höhepunkt in der ersten Hälfte des 18. Jahrhunderts, als England mit Hilfe der Royal Navy ein sich rasch vergrößerndes Empire zu beschützen hatte. Die Durchführung der Zwangsrekrutierungen oblag den Magistraten der Hafenstädte und den Vizeadmiralen der Küstendistrikte. Viele Orte sahen hier eine willkommene Gelegenheit, Bettler und Kriminelle ihres Distrikts loszuwerden, wenn diese körperlich noch einigermaßen zum Dienst in der Marine tauglich schienen.

Ein einfacherer und auch regelmäßig beschrittener Weg für die Royal Navy Seeleute zu bekommen, war, diese unmittelbar auf heimkehrenden Handelsschiffen zu pressen.

Die Chancen eines Seemanns, von einer meist mehrere Monate dauernden Reise zurückzukehren, standen nicht gut. Das galt sowohl für Handels- als auch für Kriegsschiffe. Abgesehen von den erwähnten Gefahren und den Unwägbarkeiten der See und des Wetters lauerten vor allem allerlei Krankheiten. Im Jahre 1722 schickte die englische Krone das Kriegsschiff Weymouth auf eine mehrmonatige Piratenjagd. Den Aufzeichnungen des Marinearztes John Atkins ist zu entnehmen, daß das

Schiff England mit 240 Mann verließ, am Ende der Reise allerdings 280 tote Besatzungsmitglieder zu beklagen hatte. Unterwegs muß die Besatzung mithin mit neuen Matrosen aufgefrischt worden sein, von denen wiederum ein Teil umkam. Ein anderes Schiff, das um dieselbe Zeit nach Jamaika geschickt worden war, verzeichnete in seiner Besatzungsliste den Tod von 54 Seeleuten. Die wohl höchste dokumentierte Verlustrate hatte Admiral Hosier 1726 zu verzeichnen, als er während eines zweijährigen Einsatzes in der Karibik 4000 Mann von seiner 4750 Mann starken Flottille verlor. Die Verluste auf den Schiffen kamen nicht durch Kampfhandlungen zustande. Mangelernährung, Unfälle, Suff und vor allem tropische Krankheiten waren dafür verantwortlich, und die Seeleute waren in einem Teufelskreis gefangen, aus dem es kein Entrinnen gab – außer durch Desertion oder eben Tod. Oder Meuterei und Übertritt in die Piraterie. Diese stellte für viele eine echte oder sogar die einzige Lebensalternative dar. Von der unfreiwilligen legalen Seefahrt in die freiwillige illegale zu wechseln, war somit für manchen Matrosen kein großer Schritt, zumal die Aussichten auf das Leben nach der Seefahrt auch alles andere als rosig waren.

Der gewöhnliche Pirat war in der Regel unter 30 Jahre alt, doch finden wir immer wieder auch erstaunlich junge oder alte Besatzungsangehörige. Dampier berichtet im Zusammenhang des Überfalls auf Panama: «Am nächsten Tag erschossen die Spanier einen von unseren Leuten, welcher den anderen nicht hatte folgen können. Es war ein braver alter Mann von ungefähr 84 Jahren, der während der Rebellion der Iren unter Cromwell gedient hatte, hernach nach Jamaica gegangen und seither unter Freibeutern geblieben war.» Ein solch biblisches Alter dürfte aber die große Ausnahme gewesen sein. Die Mannschaft von Roberts war im Durchschnitt 28 Jahre alt, der jüngste der in Cape Coast Castle zum Tode Verurteilten war 19, der älteste 45 Jahre. Der Neunzehnjährige war noch als Knabe zu Roberts gestoßen. Dieses Durchschnittsalter deckt sich mit dem aus anderen Piratenprozessen dieser Zeit.

Aber sah der Piratenalltag besser aus als der in der Welt der ‹legalen› Seefahrt? Neben den Gefahren im Kampf setzten auch hier Hunger und Krankheiten, auf See wie an Land, dem vielbeschriebenen Piratenidyll gehörig zu. Und ständige Alkoholexzesse sorgten dafür, daß schon allein deshalb kaum einer das damalige Durchschnittsalter eines Landbewohners erreichte. Der Alltag an Bord eines Piratenschiffes unterschied sich hinsichtlich der Seemannschaft nicht wesentlich von dem auf einem anderen Schiff. Die für das Fortkommen notwendigen Tätigkeiten mußten auch hier erledigt werden. Für besonders arbeitsintensive Verrichtungen – wie das ständige Pumpen – wurden auf manchen Piratenschiffen Sklaven gehalten. Worin sich ein Piratenschiff zumindest von einem Handelsfahrzeug unterschied, war die um ein Vielfaches größere Besatzung. So hockten die Piraten mitunter wochenlang in meist drangvoller Enge auf einem stinkigen, verlausten Segelschiff, das sich schwankend zwischen den beiden Wendekreisen des Krebses bewegte, wo brütende Hitze und drückende Schwüle oder sintflutartiger Regen die Lebensbedingungen an Bord zusätzlich erschwerten. Zwar dürfte die seemännische Arbeit an Bord aufgrund der Überbemannung von Piratenschiffen meistens leichter gewesen sein als auf Handelsschiffen, die aus Kostengründen notorisch unterbesetzt waren, doch ergaben sich hieraus wiederum neue zwischenmenschliche Probleme und Konflikte. Gelegentlich wird in der Literatur auf die unter Piratengemeinschaften – vor allem den Bukanieren – verbreitete Homosexualität hingewiesen. Hierfür gibt es allerdings so gut wie keine quellenmäßigen Belege. Allein indirekte Andeutungen könnten darauf hinweisen. Ob das in Roberts' Piratenartikel Nr. 3 ausgesprochene Verbot, Knaben mit an Bord zu bringen, in diese Richtung zielt, sei dahingestellt.

Das alltägliche Leben der Seeräuber war oft von Not und Mangel gekennzeichnet. Vor allem das Trinkwasser war in der tropischen Hitze besonders schnell verdorben und nach kurzer Zeit in den schmutzigen Holzfässern nur noch ein stinkender Sud. Auf den Schiffen gab es – anders als auf denen der Kriegs- oder Handelsmarine – keine Unterschiede hinsichtlich Quartier und Verpflegung. Man teilte sich den Mangel und die Enge. Umso exzessiver holte man dann an Land nach, was auf See vermißt wurde. Man praßte, solange man hatte, denn die nächste Fahrt wartete mit ungewissem Ausgang. Gelegentlich mündete sie in Irrfahrten durch unbekannte Gegenden, wie beispielsweise bei einer Gruppe Bukaniere, die auf einer Raubfahrt in den Nicaraguafluß hineinfuhr. Exquemelin schreibt hierüber: «Nach vierzehn Tagen Fahrt flußaufwärts begann ihnen der Hunger zuzusetzen. Sie versuchten, sich durch die Wälder zu schlagen und eine Ansiedlung zu finden, was ihnen aber nicht gelang. So sahen sie sich gezwungen, ihre Schuhe und Messerscheiden aufzuessen, und sie hätten sogar Indianer verzehrt, wenn ihnen solche begegnet wären. Nachdem viele den Hungertod erlitten hatten, gelang es den übrigen, die Küste zu erreichen.»

Daß das Seeräuberleben selten frei, ungebunden und, wenngleich risikobehaftet, auch kaum angenehm war, wird aus den Akten vieler Gerichtsverfahren gegen Piraten mehr als deutlich. Trotz noch so schönen egalitären Piratenartikeln war letztlich doch das Recht des Stärkeren ausschlaggebend. Das scheint sich trotz des selbstgewählten Verteilungsschlüssels häufig beim Aufteilen der Beute gezeigt zu haben. Vielfach gab es auch eine Klassengesellschaft an Bord: Die ‹Offiziere› auf Piratenschiffen gebärdeten sich oftmals wie diejenigen auf den Schiffen der Royal Navy. Auf Roberts' Schiff nannten sie sich in Abgrenzung zu den ‹gemeinen› Piraten gar ‹Oberhaus›, wobei sie in Verhalten und Kleidung sogar den englischen Adel nachahmten. Von den Bukanieren wissen wir, daß unter ihnen psychopathische Tyrannen das Kommando führten, denen die ‹Gesetze der Küste› im Zweifelsfall wenig bedeuteten. Auch Blackbeard war gegenüber seiner Mannschaft einer von diesen piratischen Tyrannen, die nicht nur der legalen Welt Furcht und Schrecken einflößten. Das Fragment eines Schiffstagebuchs, das ihm zugeschrieben wird, läßt ahnen, mit welchen Mitteln er seine Crew zusammenhielt und wie er seinerseits ständig auf der Hut sein mußte, um nicht einer Meuterei oder Schlimmerem zum Opfer zu fallen. Eine ausschlaggebende Rolle an Bord spielte – wie stets – der Alkohol. Immer dann, wenn er ausgegangen war, drohten Konflikte: «An diesem Tag – Rum ausgegangen – Unsere Kumpane etwas nüchtern: Schurken am Ränkeschmieden – viel Gerede von Trennung». Mit unvermittelten Gewaltausbrüchen versuchte Blackbeard, sich bei der Mannschaft Respekt zu verschaffen. So soll er, Captain Johnson zufolge, einmal geäußert haben, wenn er nicht hin und wieder eines seiner Besatzungsmitglieder erschieße, vergäßen sie, wer er sei. Auch Roberts scheint in seiner kurzen Piratenkarriere ein Terrorregime ausgeübt zu haben. Aus einfachen Verhältnissen zum Herren über einige Hundert Piraten aufgestiegen, hat er, wie berichtet wurde, in Machttrunkenheit wiederholt aus nichtigem Anlaß Kameraden niedergestochen und über Bord geworfen. Zu dieser Selbstüberhöhung paßt auch, daß er, während seine Kumpane sich dem Suff hingaben, fein gekleidet Tee trank. Dennoch konnte auch er seine Männer nicht immer unter Kontrolle halten. Kurz bevor seine Piratenflottille von der Royal Navy aufgespürt wurde, schien sich seine Crew in einem Prozeß der Auflösung befunden zu haben. Die meisten Leute waren «entweder verrückt oder betrunken, ihr Verhalten schuf ständige Unordnung, jedermann bildete sich ein, ein Kapitän, ein Prinz oder ein König zu sein» – es war, wie Johnson resümiert, nur noch eine Bande «unbeherrschbarer Rohlinge».

Hilft uns bei der Suche nach Erklärungen für die fortlebende Faszination des Piratenmythos möglicherweise die Theorie des Sozialbanditentums weiter? Eric Hobsbawm hat diese Art der Widerständigkeit ländlicher Unterschichten als «universales und praktisch unveränderliches Phänomen» bezeichnet, als einen «Protest gegen Unterdrückung und Armut, einen Schrei nach Rache an den Reichen und den Unterdrückern». In gewisser Hinsicht entsprechen Piraten seiner Formulierung. Von besonderer Bedeutung war ihr «Schrei nach Rache», der sich nicht gegen die bestehende Ordnung an sich richtete, sondern gegen Repräsentanten dieser Ordnung, von denen sie sich ungerecht behandelt fühlten – was immer das im einzelnen bedeutet haben mag. In einer neueren englischen Untersuchung (M. Rediker) wird – bezogen auf diesen Aspekt – insbesondere der Frage nachgegangen, wie Piraten mit ihren Opfern verfuhren. Abgesehen vom Zweck des Überfalls, dem Rauben, waren sie stets auch auf der Suche nach Verstärkung ihrer Mannschaft und insbesondere nach Fachleuten, die sie – mit unterschiedlichen Mitteln – zum Übertritt in ihre Gemeinschaft zu bewegen versuchten. Dies war also keine Zielgruppe ihres Rachebedürfnisses. Demgegenüber waren es die gefangengenommenen Schiffsführer in ganz besonderem Maße – und hier vor allem die Kapitäne von Handelsschiffen, die für die Piraten der Inbegriff des Matrosenschinders schlechthin waren. Deshalb wurden auch regelmäßig die einfachen Besatzungsangehörigen gekaperter Schiffe von den Piraten nach dem Verhalten ihres Kapitäns ausgefragt. Und wenn dieser sich als einer der verhaßten Matrosenschinder herausstellte, waren seine Tage gezählt. Auf Roberts' Schiff gab es sogar, wie sich später im Prozeß ergab, einen vom Piratenkapitän ernannten ‹Vertreter der Anklage›, der die Aufgabe hatte, den Grad der ‹Schuld› von gefangenen Kapitänen festzustellen. Verstümmelungen und ‹Hinrichtungen› waren gang und gäbe. Den traurigen Rekord hielt in dieser Hinsicht wohl Philip Lyne, der in seinem Prozeß 1726 zugab, in seiner Piratenzeit 37 «Masters of Vessels», also Schiffsführer, getötet zu haben. Für Hobsbawm sind Piraten aber letztlich doch keine Sozialrebellen oder Sozialbanditen, sondern er sieht in ihnen wie bei den Wegelagerern nur den Gangster.

Und wie verhielt es sich mit dessen Traum vom schnellen Reichtum? Nur wenigen Piraten war es vergönnt, diesen zu realisieren und in ein Leben ohne materielle Nöte für den Rest ihres Lebens umzusetzen. Es blieb ‹herausragenden› Persönlichkeiten wie Morgan, Tew oder Every oder den Franzosen Surcouf oder de Lussan vorbehalten.

Den allermeisten dagegen, selbst den zeitweilig erfolgreichsten Piratenkapitänen, rann das Geld genauso schnell durch die Finger, wie sie es in die Hände bekommen hatten. Entweder versoffen oder verspielten sie ihr Geld, oder gaben es in maßloser Verschwendung aus, so daß sie zur nächsten Piratenfahrt gezwungen waren. Oder das Piratenschicksal ereilte sie, entweder im Kampf oder am Galgen im Execution Dock in London, auf Jamaika oder einer anderen Richtstätte in den Hafenstädten der vormodernen Welt. Insofern entbehren auch die vielen Legen-

Hinrichtung eines Piraten im Execution Dock am Ufer der Themse in London

den von vergrabenen Piratenschätzen, die in kaum einem Roman oder Film fehlen, meist jeglicher Realität. Nur ganz wenige dokumentierte Beispiele sind überliefert. Und auch diese sind oft fragwürdig, wie die bereits von den Zeitgenossen kolportierte Erzählung von William Kidds auf Gardiner Island vergrabenem Schatz zeigt, der niemals gefunden wurde, obwohl seit 300 Jahren danach gesucht wird.

Piratenkapitäne hatten meist auch gar nicht viel zu vergraben. Oft bestand ihre Beute nämlich nicht aus Münzen oder Edelsteinen, sondern schlichtweg aus Kaufmannswaren, die erst in einem Hafen – in der Regel unter Wert – zu Geld realisiert werden mußten. Nachdem der berüchtigte Blackbeard Ende November 1718 vor der Küste Carolinas von einem Kriegsschiff überwältigt worden war, fand man auf seinem Schiff kaum Bares, sondern als Raubgut nur Unmengen Zucker, Kakao, Farbstoffe und Tuche. Große Beute an Edelmetallen, Geld und Juwelen, wie bei Henry Everys Kaperung des Mogulschiffes, oder eine Generation später bei Edward Englands Überfall auf einen mit 70 Kanonen bestückten portugiesischen Ostindienfahrer bei den Maskarenen im Jahr 1720, blieben die Ausnahme. Bei dieser Kaperung sollen den Piraten Edelmetall und Juwelen im Wert von drei bis vier Millionen Dollar in die Hände gefallen sein.

Nicht selten versank die Beute aber mit Mann und Maus auf den Grund des Meeres, sei es, daß das Piratenschiff vom Gegner zusammengeschoßen wurde, oder daß es in schwerer See kenterte. Als man Samuel Bellamys Schiff, die Wydah, Mitte der 1980er Jahre auf dem Meeresboden vor der nordamerikanischen Küste entdeckte, fanden Taucher im Wrack 8400 Münzen verschiedenster Prägung, dazu 17 Goldbarren und 6100 kleinere Goldstücke und Goldschmuck, deren Wert zusammen auf mehrere Dutzend Millionen Dollar spekuliert wurde. Bellamy war einer jener Kaperfahrer im Dienste der englischen Krone, die nach dem Spanischen Erbfolgekrieg nicht den Weg zurück in die zivile Seefahrt fanden, sondern sich dem Piratenkapitän Ben Hornigold anschlossen. Schon bald übernahm er selbst das Kommando und führte seine Piratenmannschaft auf eine atemberaubende Raubtour durch die Karibik, auf der binnen eines Jahres mindestens 50 Schiffe gekapert wurden. Den Höhepunkt bildete die Erbeutung der Wydah, die übervoll mit Waren aller Art beladen war. Wie bei Piraten üblich, wechselte Bellamy mit seinen Leuten auf dieses bessere Schiff. Mit dem Laderaum voll Beutegut machte er sich auf die Fahrt gen Neuengland, die aber in einem Aprilsturm vor Cape Cod 1717 ihr unerwartetes Ende fand. Zusammen mit Bellamy ertranken dabei 143 seiner Leute, nur acht überlebten. Sechs von ihnen wurden in Boston wegen Piraterie gehängt. Zahllose andere Piratenschiffe dürften auf den Meeren versunken sein, ohne daß die Nachwelt etwas davon erfahren hat.

Gelegentliche Funde haben die Phantasie über vergrabene Schätze immer wieder angeheizt. Doch meistens dürfte es so gewesen sein, daß Piraten, die über Raubgeld verfügten, dieses wieder in den Geldkreislauf einspeisten oder über Mittelsmänner ihren Frauen, Kindern oder anderen Personen zukommen ließen. Nicht selten geschah es aber auch, daß der Pirat im Laufe seiner seeräuberischen Karriere mitunter einen ansehnlichen Schatz in seiner Seekiste angehäuft hatte, diese aber zusammen mit ihm der Obrigkeit in die Hände fiel. So geschehen im Falle der Margaret, unter deren Besatzung eine Reihe Madagaskar-Piraten war, die sich in Nordamerika zur Ruhe setzen wollten. Auf der Reise nach dort wurde das Schiff Ende 1699 am Kap der Guten Hoffnung von einem englischen Ostindienfahrer aufgebracht. In den verschiedenen Seekisten fand man «all Coynes of ye Universe» im Wert von zusammen über 9000 Pfund. Ein noch größerer ‹Schatz› fiel den Eroberern der Roberts'schen Schiffe in die Hände. Bedenkt man, daß ein gewöhnlicher englischer Seemann auf einem Handelsschiff dieses Zeitraums weniger als zwei Pfund im Monat verdiente, wird deutlich, daß selbst ein ‹einfacher› Pirat in relativ kurzer Zeit mehr Geld anhäufen konnte, als der ehrliche Seemann nach einem Leben der Plackerei auf See in den Händen hatte. Die Wahrscheinlichkeit war groß, daß dieser Seemann in der Handelsschiffahrt zudem gelegentlich erleben mußte, daß er nach überstandener Fahrt ohne Heuer blieb. Wenn nämlich die Handelsware nicht abgesetzt werden konnte, weil sie vernichtet, beschädigt oder geraubt worden war, war es üblich, die Heuer entsprechend zu verringern oder ganz auszusetzen. Nicht selten geschah es auch, daß die Heuer erst verspätet beim Matrosen ankam, oder auf dem Weg zu ihm ganz oder in Teilen verschwand. Dieser Rechnung gilt jedoch gegenüberzustellen, daß für viele, ja die meisten ‹einfachen› Piraten die Hoffnung auf schnellen und dauerhaften Reichtum auch nur eine Illusion blieb.

Konnte es aus der Hölle der frühmodernen Seefahrt ein Entkommen geben? Wenn ja, wohl nie in die persönliche Freiheit, sondern immer in ein anderes Abhängigkeitsverhältnis. Man erreichte entweder die rettenden Ufer der etablierten Gesellschaftsordnung oder integrierte sich in eine Gegen-Gesellschaft mit eigenen Gesetzen. Denn Seeraub ließ sich letztlich, wie beispielhaft die ‹Gesetze der Küste› und die Piratenartikel zeigen, auch nur mittels einer selbstgeschaffenen Ordnung, eines straffen Regiments und umfassender Solidarität erfolgreich aufrechterhalten. So hatte auch das Piratentum seine Anführer, Gesetze, auch Gesetzesbrecher, und schließlich seine vielfach hierarchisch anmutenden Strukturen. Es war solchermaßen nur ein ins Negative gekehrter Spiegel seiner Zeit.

Literatur

Auf Quellen- und Literaturverweise wurde dem Reihencharakter entsprechend im Text verzichtet. Neben den nachfolgend angegebenen zeitgenössischen Publikationen (bzw. deren Nachdrucken) kamen Gerichtsakten des britischen High Court of the Admiralty (Public Record Office, London) zum Tragen, die eine unerschöpfliche Quelle zum Piratenwesen darstellen. Ansonsten beruhen die Ausführungen auf Lesefrüchten der angegebenen Forschungsliteratur.

Andrews, Kenneth R.: Elizabethan Privateering. English Privateering during the Spanish War, 1585–1603, Cambridge 1964.

Bialuschewski, Arne: Daniel Defoe, Nathaniel Mist und die Seeräuber. Eine Studie zur Verfasserschaft und Entstehungsgeschichte der General History of the Pyrates, Kiel (Diss.-Druck) 1999.

Blauert, Andreas u. Gerd Schwerhoff (Hg.): Kriminalitätsgeschichte. Beiträge zur Sozial- und Kulturgeschichte der Vormoderne, Konstanz 2000.

Boxer, Charles R.: The Portuguese Seaborne Empire, 1415–1825, New York 1969.

Boxer, Charles R.: The Dutch Seaborne Empire 1600–1800, Harmondsworth 1973.

Cordingly, David: Under the Black Flag. The Romantic and the Reality of Life among the Pirates, New York 1996.

Dampier, William: Freibeuter. Das abenteuerliche Tagebuch eines Weltumseglers und Piraten, hrsg. v. Hans Walz, Darmstadt 1977.

Danker, Uwe: Die Geschichte der Räuber und Gauner, Düsseldorf 2001.

Dekker, Rudolf u. Lotte van de Pol: Frauen in Männerkleidern. Weibliche Transvestiten und ihre Geschichte, Berlin 1990.

Dokumente zur Geschichte der europäischen Expansion, hrsg. v. E. Schmitt, Bd. 4: Wirtschaft und Handel der Kolonialreiche, München 1988.

Dülmen, Richard van: Theater des Schreckens: Gerichtspraxis und Strafrituale in der frühen Neuzeit, München 1995.

Exquemelin, Alexandre Olivier: Das Piratenbuch von 1678, Stuttgart, Wien 2000.

Johnson, Charles: A General History of the Robberies and Murders of the most notorious Pyrates, London 1724.

Hakluyt, Richard: The principal navigations, voyages and discoveries of the English nation, London 1599.

Hobsbawm, Eric J.: Sozialrebellen, Gießen 1979.

Kemp, Peter: The British Sailor. A social history of the lower deck, London 1970.
Konstam, Angus: The History of Pirates, Guilfort Ct 1999.
Labat, J.-B.: Nouveau voyage aux Isles de l'Amérique, 4 vol. Paris 1742 (Neudruck Fort-de-France 1972).
Lawson, Philip: The East India Company. A history, London 1993.
Marsden, Reginald G.: Documents Relating to Law and Custom of the Sea, 1205–1767, London 1915/16.
McCusker, John L.: Money and Exchange in Europe and America, 1600–1775, Chapel Hill, N.C. 1978.
Ormerod, Henry A.: Piracy in the Ancient World, Liverpool 1924 (Reprint Baltimore 1997).
Parks, George B.: Richard Hakluyt and the English Voyages, New York 1961.
Randolph, Edward: His letters and official papers from the New England, Middle and Southern Colonies in America, and the West Indies, 1678–1700, mehrere Bände, Boston 1909, Reprint 1967.
Rediker, Marcus: Between the Devil and the Deep Blue Sea. Merchant Seamen, Pirates, and the Anglo-American Maritime World, 1700–1750, Cambridge 1987.
Ritchie, Robert C.: Captain Kidd and the War against the Pirates, Cambridge Mass. 1986.
Roberts, Nancy: Blackbeard and other Pirates of the Atlantic Coast, Winston 1997.
Schnurmann, Claudia: Atlantische Welten. Engländer und Niederländer im amerikanisch-atlantischen Raum 1648–1713, Köln, Weimar, Wien 1998.
Sharpe, James A.: Early Modern England. A social history, 1550–1750, London 1987.
Thomson, Janice: Mercenaries, Pirates and Sovereigns. State-Building and extraterritorial violence in Early Modern Europe, Princeton 1994.

Register